全国普法学习读本

最新农村经济法律法规读本

金融税费法律法规学习读本

金融服务法律法规

李勇 主编

汕頭大學出版社

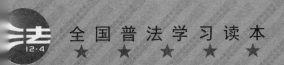

图书在版编目（CIP）数据

金融服务法律法规 / 李勇主编. -- 汕头 : 汕头大学出版社, 2023.4（重印）

（金融税费法律法规学习读本）

ISBN 978-7-5658-3203-1

Ⅰ. ①金… Ⅱ. ①李… Ⅲ. ①金融法-中国-学习参考资料 Ⅳ. ①D922.280.4

中国版本图书馆 CIP 数据核字（2017）第 254803 号

金融服务法律法规 JINRONG FUWU FALÜ FAGUI

主　　编：李　勇
责任编辑：邹　峰
责任技编：黄东生
封面设计：大华文苑
出版发行：汕头大学出版社
广东省汕头市大学路 243 号汕头大学校园内　邮政编码：515063
电　　话：0754-82904613
印　　刷：三河市元兴印务有限公司
开　　本：690mm×690mm 1/16
印　　张：18
字　　数：226千字
版　　次：2017 年 10 月第 1 版
印　　次：2023 年 4 月第 2 次印刷
定　　价：59.60 元（全 2 册）
ISBN 978-7-5658-3203-1

前　言

习近平总书记指出："推进全民守法，必须着力增强全民法治观念。要坚持把全民普法和守法作为依法治国的长期基础性工作，采取有力措施加强法制宣传教育。要坚持法治教育从娃娃抓起，把法治教育纳入国民教育体系和精神文明创建内容，由易到难、循序渐进不断增强青少年的规则意识。要健全公民和组织守法信用记录，完善守法诚信褒奖机制和违法失信行为惩戒机制，形成守法光荣、违法可耻的社会氛围，使遵法守法成为全体人民共同追求和自觉行动。"

中共中央、国务院曾经转发了中央宣传部、司法部关于在公民中开展法治宣传教育的规划，并发出通知，要求各地区各部门结合实际认真贯彻执行。通知指出，全民普法和守法是依法治国的长期基础性工作。深入开展法治宣传教育，是全面建成小康社会和新农村的重要保障。

普法规划指出：各地区各部门要根据实际需要，从不同群体的特点出发，因地制宜开展有特色的法治宣传教育坚持集中法治宣传教育与经常性法治宣传教育相结合，深化法律进机关、进乡村、进社区、进学校、进企业、进单位的"法律六进"主题活动，完善工作标准，建立长效机制。

特别是农业、农村和农民问题，始终是关系党和人民事业发展的全局性和根本性问题。党中央、国务院发布的《关于推进社会主义新农村建设的若干意见》中明确提出要"加强农村法制建设，深入开展农村普法教育，增强农民的法制观念，提高农民依法行使权利和履行义务的自觉性。"多年普法实践证明，普及法律知识，提高法制观念，增强全社会依法办事意识具有重要作用。特别是在广大农村进行普法教育，是提高全民法律素质的需要。

多年来，我国在农村实行的改革开放取得了极大成功，农村发生了翻天覆地的变化，广大农民生活水平大大得到了提高。但是，由于历史和社会等原因，现阶段我国一些地区农民文化素质还不高，不学法、不懂法、不守法现象虽然较原来有所改变，但仍有相当一部分群众的法制观念仍很淡化，不懂、不愿借助法律来保护自身权益，这就极易受到不法的侵害，或极易进行违法犯罪活动，严重阻碍了全面建成小康社会和新农村步伐。

为此，根据党和政府的指示精神以及普法规划，特别是根据广大农村农民的现状，在有关部门和专家的指导下，特别编辑了这套《全国普法学习读本》。主要包括了广大人民群众应知应懂、实际实用的法律法规。为了辅导学习，附录还收入了相应法律法规的条例准则、实施细则、解读解答、案例分析等；同时为了突出法律法规的实际实用特点，兼顾地方性和特殊性，附录还收入了部分某些地方性法律法规以及非法律法规的政策文件、管理制度、应用表格等内容，拓展了本书的知识范围，使法律法规更“接地气”，便于读者学习掌握和实际应用。

在众多法律法规中，我们通过甄别，淘汰了废止的，精选了最新的、权威的和全面的。但有部分法律法规有些条款不适应当下情况了，却没有颁布新的，我们又不能擅自改动，只得保留原有条款，但附录却有相应的补充修改意见或通知等。众多法律法规根据不同内容和受众特点，经过归类组合，优化配套。整套普法读本非常全面系统，具有很强的学习性、实用性和指导性，非常适合用于广大农村和城乡普法学习教育与实践指导。总之，是全国全民普法的良好读本。

目　录

金融机构大额交易和可疑交易报告管理办法

村镇银行管理暂行规定

农村信用合作社管理暂行规定实施细则

农村金融机构定向费用补贴资金管理办法

金融机构大额交易和可疑交易报告管理办法

中国人民银行令

〔2016〕第3号

根据《中华人民共和国反洗钱法》、《中华人民共和国中国人民银行法》、《中华人民共和国反恐怖主义法》等法律规定，中国人民银行对《金融机构大额交易和可疑交易报告管理办法》（中国人民银行令〔2006〕第2号发布）进行了修订，经2016年12月9日第9次行长办公会议通过，现予发布，自2017年7月1日起施行。

中国人民银行行长

2016年12月28日

第一章 总 则

第一条 为了规范金融机构大额交易和可疑交易报告行

为，根据《中华人民共和国反洗钱法》、《中华人民共和国中国人民银行法》、《中华人民共和国反恐怖主义法》等有关法律法规，制定本办法。

第二条 本办法适用于在中华人民共和国境内依法设立的下列金融机构：

（一）政策性银行、商业银行、农村合作银行、农村信用社、村镇银行。

（二）证券公司、期货公司、基金管理公司。

（三）保险公司、保险资产管理公司、保险专业代理公司、保险经纪公司。

（四）信托公司、金融资产管理公司、企业集团财务公司、金融租赁公司、汽车金融公司、消费金融公司、货币经纪公司、贷款公司。

（五）中国人民银行确定并公布的应当履行反洗钱义务的从事金融业务的其他机构。

第三条 金融机构应当履行大额交易和可疑交易报告义务，向中国反洗钱监测分析中心报送大额交易和可疑交易报告，接受中国人民银行及其分支机构的监督、检查。

第四条 金融机构应当通过其总部或者总部指定的一个机构，按本办法规定的路径和方式提交大额交易和可疑交易报告。

第二章 大额交易报告

第五条 金融机构应当报告下列大额交易：

（一）当日单笔或者累计交易人民币5万元以上（含5万元）、外币等值1万美元以上（含1万美元）的现金缴存、现金支取、现金结售汇、现钞兑换、现金汇款、现金票据解付及其他形式的现金收支。

（二）非自然人客户银行账户与其他的银行账户发生当日单笔或者累计交易人民币200万元以上（含200万元）、外币等值20万美元以上（含20万美元）的款项划转。

（三）自然人客户银行账户与其他的银行账户发生当日单笔或者累计交易人民币50万元以上（含50万元）、外币等值10万美元以上（含10万美元）的境内款项划转。

（四）自然人客户银行账户与其他的银行账户发生当日单笔或者累计交易人民币20万元以上（含20万元）、外币等值1万美元以上（含1万美元）的跨境款项划转。

累计交易金额以客户为单位，按资金收入或者支出单边累计计算并报告。中国人民银行另有规定的除外。

中国人民银行根据需要可以调整本条第一款规定的大额交易报告标准。

第六条 对同时符合两项以上大额交易标准的交易，金融机构应当分别提交大额交易报告。

第七条 对符合下列条件之一的大额交易，如未发现交易或行为可疑的，金融机构可以不报告：

（一）定期存款到期后，不直接提取或者划转，而是本金或者本金加全部或者部分利息续存入在同一金融机构开立的同一户名下的另一账户。

活期存款的本金或者本金加全部或者部分利息转为在同一

金融机构开立的同一户名下的另一账户内的定期存款。

定期存款的本金或者本金加全部或者部分利息转为在同一金融机构开立的同一户名下的另一账户内的活期存款。

（二）自然人实盘外汇买卖交易过程中不同外币币种间的转换。

（三）交易一方为各级党的机关、国家权力机关、行政机关、司法机关、军事机关、人民政协机关和人民解放军、武警部队，但不包含其下属的各类企事业单位。

（四）金融机构同业拆借、在银行间债券市场进行的债券交易。

（五）金融机构在黄金交易所进行的黄金交易。

（六）金融机构内部调拨资金。

（七）国际金融组织和外国政府贷款转贷业务项下的交易。

（八）国际金融组织和外国政府贷款项下的债务掉期交易。

（九）政策性银行、商业银行、农村合作银行、农村信用社、村镇银行办理的税收、错账冲正、利息支付。

（十）中国人民银行确定的其他情形。

第八条 金融机构应当在大额交易发生之日起5个工作日内以电子方式提交大额交易报告。

第九条 下列金融机构与客户进行金融交易并通过银行账户划转款项的，由银行机构按照本办法规定提交大额交易报告：

（一）证券公司、期货公司、基金管理公司。

（二）保险公司、保险资产管理公司、保险专业代理公司、保险经纪公司。

（三）信托公司、金融资产管理公司、企业集团财务公司、金融租赁公司、汽车金融公司、消费金融公司、货币经纪公司、贷款公司。

第十条 客户通过在境内金融机构开立的账户或者境内银行卡所发生的大额交易，由开立账户的金融机构或者发卡银行报告；客户通过境外银行卡所发生的大额交易，由收单机构报告；客户不通过账户或者银行卡发生的大额交易，由办理业务的金融机构报告。

第三章 可疑交易报告

第十一条 金融机构发现或者有合理理由怀疑客户、客户的资金或者其他资产、客户的交易或者试图进行的交易与洗钱、恐怖融资等犯罪活动相关的，不论所涉资金金额或者资产价值大小，应当提交可疑交易报告。

第十二条 金融机构应当制定本机构的交易监测标准，并对其有效性负责。交易监测标准包括并不限于客户的身份、行为，交易的资金来源、金额、频率、流向、性质等存在异常的情形，并应当参考以下因素：

（一）中国人民银行及其分支机构发布的反洗钱、反恐怖融资规定及指引、风险提示、洗钱类型分析报告和风险评估报告。

（二）公安机关、司法机关发布的犯罪形势分析、风险提示、犯罪类型报告和工作报告。

（三）本机构的资产规模、地域分布、业务特点、客户群体、交易特征，洗钱和恐怖融资风险评估结论。

（四）中国人民银行及其分支机构出具的反洗钱监管意见。

（五）中国人民银行要求关注的其他因素。

第十三条 金融机构应当定期对交易监测标准进行评估，并根据评估结果完善交易监测标准。如发生突发情况或者应当关注的情况的，金融机构应当及时评估和完善交易监测标准。

第十四条 金融机构应当对通过交易监测标准筛选出的交易进行人工分析、识别，并记录分析过程；不作为可疑交易报告的，应当记录分析排除的合理理由；确认为可疑交易的，应当在可疑交易报告理由中完整记录对客户身份特征、交易特征或行为特征的分析过程。

第十五条 金融机构应当在按本机构可疑交易报告内部操作规程确认为可疑交易后，及时以电子方式提交可疑交易报告，最迟不超过5个工作日。

第十六条 既属于大额交易又属于可疑交易的交易，金融机构应当分别提交大额交易报告和可疑交易报告。

第十七条 可疑交易符合下列情形之一的，金融机构应当在向中国反洗钱监测分析中心提交可疑交易报告的同时，以电子形式或书面形式向所在地中国人民银行或者其分支机构报告，并配合反洗钱调查：

（一）明显涉嫌洗钱、恐怖融资等犯罪活动的。

（二）严重危害国家安全或者影响社会稳定的。

（三）其他情节严重或者情况紧急的情形。

第十八条 金融机构应当对下列恐怖活动组织及恐怖活动人员名单开展实时监测，有合理理由怀疑客户或者其交易对手、资金或者其他资产与名单相关的，应当在立即向中国反洗钱监测分析中心提交可疑交易报告的同时，以电子形式或书面形式向所在地中国人民银行或者其分支机构报告，并按照相关主管部门的要求依法采取措施。

（一）中国政府发布的或者要求执行的恐怖活动组织及恐怖活动人员名单。

（二）联合国安理会决议中所列的恐怖活动组织及恐怖活动人员名单。

（三）中国人民银行要求关注的其他涉嫌恐怖活动的组织及人员名单。

恐怖活动组织及恐怖活动人员名单调整的，金融机构应当立即开展回溯性调查，并按前款规定提交可疑交易报告。

法律、行政法规、规章对上述名单的监控另有规定的，从其规定。

第四章 内部管理措施

第十九条 金融机构应当根据本办法制定大额交易和可疑交易报告内部管理制度和操作规程，对本机构的大额交易和可疑交易报告工作做出统一要求，并对分支机构、附属机构大额交易和可疑交易报告制度的执行情况进行监督管理。

金融机构应当将大额交易和可疑交易报告制度向中国人民银行或其总部所在地的中国人民银行分支机构报备。

第二十条 金融机构应当设立专职的反洗钱岗位，配备专职人员负责大额交易和可疑交易报告工作，并提供必要的资源保障和信息支持。

第二十一条 金融机构应当建立健全大额交易和可疑交易监测系统，以客户为基本单位开展资金交易的监测分析，全面、完整、准确地采集各业务系统的客户身份信息和交易信息，保障大额交易和可疑交易监测分析的数据需求。

第二十二条 金融机构应当按照完整准确、安全保密的原则，将大额交易和可疑交易报告、反映交易分析和内部处理情况的工作记录等资料自生成之日起至少保存5年。

保存的信息资料涉及正在被反洗钱调查的可疑交易活动，且反洗钱调查工作在前款规定的最低保存期届满时仍未结束的，金融机构应将其保存至反洗钱调查工作结束。

第二十三条 金融机构及其工作人员应当对依法履行大额交易和可疑交易报告义务获得的客户身份资料和交易信息，对依法监测、分析、报告可疑交易的有关情况予以保密，不得违反规定向任何单位和个人提供。

第五章　法律责任

第二十四条 金融机构违反本办法的，由中国人民银行或者其地市中心支行以上分支机构按照《中华人民共和国反洗钱法》第三十一条、第三十二条的规定予以处罚。

第六章　附　则

第二十五条　非银行支付机构、从事汇兑业务和基金销售业务的机构报告大额交易和可疑交易适用本办法。银行卡清算机构、资金清算中心等从事清算业务的机构应当按照中国人民银行有关规定开展交易监测分析、报告工作。

本办法所称非银行支付机构，是指根据《非金融机构支付服务管理办法》（中国人民银行令〔2010〕第2号发布）规定取得《支付业务许可证》的支付机构。

本办法所称资金清算中心，包括城市商业银行资金清算中心、农信银资金清算中心有限责任公司及中国人民银行确定的其他资金清算中心。

第二十六条　本办法所称非自然人，包括法人、其他组织和个体工商户。

第二十七条　金融机构应当按照本办法所附的大额交易和可疑交易报告要素要求，制作大额交易报告和可疑交易报告的电子文件。具体的报告格式和填报要求由中国人民银行另行规定。

第二十八条　中国反洗钱监测分析中心发现金融机构报送的大额交易报告或者可疑交易报告内容要素不全或者存在错误的，可以向提交报告的金融机构发出补正通知，金融机构应当在接到补正通知之日起5个工作日内补正。

第二十九条　本办法由中国人民银行负责解释。

第三十条　本办法自2017年7月1日起施行。中国人民银行2006年11月14日发布的《金融机构大额交易和可疑交易报告管理办法》(中国人民银行令〔2006〕第2号）和2007年6月11日发布的《金融机构报告涉嫌恐怖融资的可疑交易管理办法》(中国人民银行令〔2007〕第1号）同时废止。中国人民银行此前发布的大额交易和可疑交易报告的其他规定，与本办法不一致的，以本办法为准。

附 录

金融机构报告涉嫌恐怖融资的可疑交易管理办法

中国人民银行令

〔2007〕第1号

根据《中华人民共和国反洗钱法》、《中华人民共和国中国人民银行法》等法律规定，中国人民银行制定了《金融机构报告涉嫌恐怖融资的可疑交易管理办法》，经2007年6月8日第13次行长办公会议通过，现予发布，自发布之日起施行。

中国人民银行行长

二〇〇七年六月十一日

第一条 为监测恐怖融资行为，防止利用金融机构进行恐怖融资，规范金融机构报告涉嫌恐怖融资可疑交易的行为，根据《中华人民共和国反洗钱法》、《中华人民共和国中国人民银行法》等有关法律、行政法规，制定本办法。

第二条 本办法所称的恐怖融资是指下列行为：

（一）恐怖组织、恐怖分子募集、占有、使用资金或者其他形式财产。

（二）以资金或者其他形式财产协助恐怖组织、恐怖分子以及恐怖主义、恐怖活动犯罪。

（三）为恐怖主义和实施恐怖活动犯罪占有、使用以及募集资金或者其他形式财产。

（四）为恐怖组织、恐怖分子占有、使用以及募集资金或者其他形式财产。

第三条 本办法适用于在中华人民共和国境内依法设立的下列金融机构：

（一）政策性银行、商业银行、农村合作银行、城市信用合作社、农村信用合作社。

（二）证券公司、期货公司、基金管理公司。

（三）保险公司、保险资产管理公司。

（四）信托投资公司、金融资产管理公司、财务公司、金融租赁公司、汽车金融公司、货币经纪公司。

（五）中国人民银行确定并公布的其他金融机构。

从事汇兑业务、支付清算业务、基金销售业务和保险经纪业务的机构报告涉嫌恐怖融资的可疑交易适用本办法。

第四条 中国人民银行及其分支机构对金融机构报告涉嫌恐怖融资的可疑交易的情况进行监督、检查。

第五条 中国人民银行设立中国反洗钱监测分析中心负责接收、分析涉嫌恐怖融资的可疑交易报告。

中国反洗钱监测分析中心发现金融机构报送的涉嫌恐怖融

资的可疑交易报告有要素不全或者存在错误的，可以向提交报告的金融机构发出补正通知，金融机构应当在接到补正通知的5个工作日内补正。

第六条 履行反恐怖融资义务的金融机构及其工作人员依法提交可疑交易报告受法律保护。

第七条 金融机构应当将涉嫌恐怖融资的可疑交易报告报其总部，由金融机构总部或者由总部指定的一个机构，在相关情况发生后的10个工作日内以电子方式报送中国反洗钱监测分析中心。没有总部或者无法通过总部及总部指定的机构向中国反洗钱监测分析中心报送可疑交易报告的，其报告方式由中国人民银行另行确定。

第八条 金融机构怀疑客户、资金、交易或者试图进行的交易与恐怖主义、恐怖活动犯罪以及恐怖组织、恐怖分子、从事恐怖融资活动的人相关联的，无论所涉及资金金额或者财产价值大小，都应当提交涉嫌恐怖融资的可疑交易报告。提交可疑交易报告的具体情形包括但不限于以下种类：

（一）怀疑客户为恐怖组织、恐怖分子以及恐怖活动犯罪募集或者企图募集资金或者其他形式财产的。

（二）怀疑客户为恐怖组织、恐怖分子、从事恐怖融资活动的人以及恐怖活动犯罪提供或者企图提供资金或者其他形式财产的。

（三）怀疑客户为恐怖组织、恐怖分子保存、管理、运作或者企图保存、管理、运作资金或者其他形式财产的。

（四）怀疑客户或者其交易对手是恐怖组织、恐怖分子以及从事恐怖融资活动人员的。

（五）怀疑资金或者其他形式财产来源于或者将来源于恐怖组织、恐怖分子、从事恐怖融资活动人员的。

（六）怀疑资金或者其他形式财产用于或者将用于恐怖融资、恐怖活动犯罪及其他恐怖主义目的，或者怀疑资金或者其他形式财产被恐怖组织、恐怖分子、从事恐怖融资活动人员使用的。

（七）金融机构及其工作人员有合理理由怀疑资金、其他形式财产、交易、客户与恐怖主义、恐怖活动犯罪、恐怖组织、恐怖分子、从事恐怖融资活动人员有关的其他情形。

第九条 金融机构发现或者有合理理由怀疑客户或者其交易对手与下列名单相关的，应当立即向中国反洗钱监测分析中心和中国人民银行当地分支机构提交可疑交易报告，并且按相关主管部门的要求依法采取措施。

（一）国务院有关部门、机构发布的恐怖组织、恐怖分子名单。

（二）司法机关发布的恐怖组织、恐怖分子名单。

（三）联合国安理会决议中所列的恐怖组织、恐怖分子名单。

（四）中国人民银行要求关注的其他恐怖组织、恐怖分子嫌疑人名单。

法律、行政法规对上述名单的监控另有规定的，遵守其规定。

第十条 金融机构按照本办法报告可疑交易，具体的报告要素及报告格式、填报要求参照《金融机构大额交易和可疑交易报告管理办法》（中国人民银行令〔2006〕第2号发布）及相关规定执行。

第十一条 金融机构违反本办法的，由中国人民银行按照《中华人民共和国反洗钱法》第三十一条、第三十二条的规定予以处罚；区别不同情形，向中国银行业监督管理委员会、中国证券监督管理委员会或者中国保险监督管理委员会建议采取下列措施：

（一）责令金融机构停业整顿或者吊销其经营许可证。

（二）取消金融机构直接负责的董事、高级管理人员和其他直接责任人员的任职资格、禁止其从事有关金融行业的工作。

（三）责令金融机构对直接负责的董事、高级管理人员和其他直接责任人员给予纪律处分。

中国人民银行县（市）支行发现金融机构违反本办法的，应当报告上一级中国人民银行分支机构，由上一级分支机构按照前款规定进行处罚或者提出建议。

第十二条 中国人民银行及其地市中心支行以上分支机构对金融机构违反本办法的行为给予行政处罚的，应当遵守《中国人民银行行政处罚程序规定》（中国人民银行令〔2001〕第3号发布）的有关规定。

第十三条 金融机构开展预防和打击恐怖融资工作时，履行建立健全内部控制制度、客户身份识别、保存客户身份资料和交易记录、保密以及其他相关义务，参照反洗钱相关规定执行。

第十四条 本办法自发布之日起施行。

个人信用信息基础数据库管理暂行办法

中国人民银行令

〔2005〕第3号

根据《中华人民共和国中国人民银行法》等有关法律规定，中国人民银行制定了《个人信用信息基础数据库管理暂行办法》，经2005年6月16日第11次行长办公会议通过，现予发布，自2005年10月1日起实施。

中国人民银行行长

二〇〇五年八月十八日

第一章 总 则

第一条 为维护金融稳定，防范和降低商业银行的信用风险，促进个人信贷业务的发展，保障个人信用信息的安全和合法使用，根据《中华人民共和国中国人民银行法》等有关法律规定，制定本办法。

第二条 中国人民银行负责组织商业银行建立个人信用信息基础数据库（以下简称个人信用数据库），并负责设立征信服务中心，承担个人信用数据库的日常运行和管理。

第三条 个人信用数据库采集、整理、保存个人信用信息，为商业银行和个人提供信用报告查询服务，为货币政策制定、金融监管和法律、法规规定的其他用途提供有关信息服务。

第四条 本办法所称个人信用信息包括个人基本信息、个人信贷交易信息以及反映个人信用状况的其他信息。

前款所称个人基本信息是指自然人身份识别信息、职业和居住地址等信息；个人信贷交易信息是指商业银行提供的自然人在个人贷款、贷记卡、准贷记卡、担保等信用活动中形成的交易记录；反映个人信用状况的其他信息是指除信贷交易信息之外的反映个人信用状况的相关信息。

第五条 中国人民银行、商业银行及其工作人员应当为在工作中知悉的个人信用信息保密。

第二章 报送和整理

第六条 商业银行应当遵守中国人民银行发布的个人信用数据库标准及其有关要求，准确、完整、及时地向个人信用数据库报送个人信用信息。

第七条 商业银行不得向未经信贷征信主管部门批准建立或变相建立的个人信用数据库提供个人信用信息。

第八条 征信服务中心应当建立完善的规章制度和采取先进的技术手段确保个人信用信息安全。

第九条 征信服务中心根据生成信用报告的需要，对商业银行报送的个人信用信息进行客观整理、保存，不得擅自更改原始数据。

第十条 征信服务中心认为有关商业银行报送的信息可疑时，应当按有关规定的程序及时向该商业银行发出复核通知。

商业银行应当在收到复核通知之日起5个工作日内给予答复。

第十一条 商业银行发现其所报送的个人信用信息不准确时，应当及时报告征信服务中心，征信服务中心收到纠错报告应当立即进行更正。

第三章 查 询

第十二条 商业银行办理下列业务，可以向个人信用数据库查询个人信用报告：

（一）审核个人贷款申请的；

（二）审核个人贷记卡、准贷记卡申请的；

（三）审核个人作为担保人的；

（四）对已发放的个人信贷进行贷后风险管理的；

（五）受理法人或其他组织的贷款申请或其作为担保人，需要查询其法定代表人及出资人信用状况的。

第十三条 除本办法第十二条第（四）项规定之外，商业银行查询个人信用报告时应当取得被查询人的书面授权。书面授权可以通过在贷款、贷记卡、准贷记卡以及担保申请书中增加相应条款取得。

第十四条 商业银行应当制定贷后风险管理查询个人信用报告的内部授权制度和查询管理程序。

第十五条 征信服务中心可以根据个人申请有偿提供其本人信用报告。

征信服务中心应当制定相应的处理程序，核实申请人身份。

第四章　异议处理

第十六条　个人认为本人信用报告中的信用信息存在错误（以下简称异议信息）时，可以通过所在地中国人民银行征信管理部门或直接向征信服务中心提出书面异议申请。

中国人民银行征信管理部门应当在收到异议申请的 2 个工作日内将异议申请转交征信服务中心。

第十七条　征信服务中心应当在接到异议申请的 2 个工作日内进行内部核查。

征信服务中心发现异议信息是由于个人信用数据库信息处理过程造成的，应当立即进行更正，并检查个人信用数据库处理程序和操作规程存在的问题。

第十八条　征信服务中心内部核查未发现个人信用数据库处理过程存在问题的，应当立即书面通知提供相关信息的商业银行进行核查。

第十九条　商业银行应当在接到核查通知的 10 个工作日内向征信服务中心作出核查情况的书面答复。异议信息确实有误的，商业银行应当采取以下措施：

（一）应当向征信服务中心报送更正信息；

（二）检查个人信用信息报送的程序；

（三）对后续报送的其他个人信用信息进行检查，发现错误的，应当重新报送。

第二十条　征信服务中心收到商业银行重新报送的更正信息后，应当在 2 个工作日内对异议信息进行更正。

异议信息确实有误，但因技术原因暂时无法更正的，征信服务中心应当对该异议信息作特殊标注，以有别于其他异议信息。

第二十一条 经过核查，无法确认异议信息存在错误的，征信服务中心不得按照异议申请人要求更改相关个人信用信息。

第二十二条 征信服务中心应当在接受异议申请后15个工作日内，向异议申请人或转交异议申请的中国人民银行征信管理部门提供书面答复；异议信息得到更正的，征信服务中心同时提供更正后的信用报告。

异议信息确实有误，但因技术原因暂时无法更正异议信息的，征信服务中心应当在书面答复中予以说明，待异议信息更正后，提供更正后的信用报告。

第二十三条 转交异议申请的中国人民银行征信管理部门应当自接到征信服务中心书面答复和更正后的信用报告之日起2个工作日内，向异议申请人转交。

第二十四条 对于无法核实的异议信息，征信服务中心应当允许异议申请人对有关异议信息附注100字以内的个人声明。个人声明不得包含与异议信息无关的内容，异议申请人应当对个人声明的真实性负责。

征信服务中心应当妥善保存个人声明原始档案，并将个人声明载入异议人信用报告。

第二十五条 征信服务中心应当对处于异议处理期的信息予以标注。

第五章 安全管理

第二十六条 商业银行应当根据中国人民银行的有关规

定，制定相关信用信息报送、查询、使用、异议处理、安全管理等方面的内部管理制度和操作规程，并报中国人民银行备案。

第二十七条 商业银行应当建立用户管理制度，明确管理员用户、数据上报用户和信息查询用户的职责及操作规程。

商业银行管理员用户、数据上报用户和查询用户不得互相兼职。

第二十八条 商业银行管理员用户应当根据操作规程，为得到相关授权的人员创建相应用户。管理员用户不得直接查询个人信用信息。

管理员用户应当加强对同级查询用户、数据上报用户与下一级管理员用户的日常管理。查询用户工作人员调离，该用户应当立即予以停用。

第二十九条 商业银行管理员用户、数据上报用户和查询用户须报中国人民银行征信管理部门和征信服务中心备案。

前款用户工作人员发生变动，商业银行应当在2个工作日内向中国人民银行征信管理部门和征信服务中心变更备案。

第三十条 商业银行应当制定管理员用户和查询用户的口令控制制度，并定期检查口令控制执行情况。

第三十一条 商业银行应当建立保证个人信用信息安全的管理制度，确保只有得到内部授权的人员才能接触个人信用报告，不得将个人信用报告用于本办法第 十二条规定以外的其它用途。

第三十二条 征信服务中心应当制定信用信息采集、整理、保存、查询、异议处理、用户管理、安全管理等方面的管理制度和操作规程，明确岗位职责，完善内控制度，保障个人信用数据库的正常运行和个人信用信息的安全。

第三十三条 征信服务中心及其工作人员不得违反法律、法规及本办法的规定，篡改、毁损、泄露或非法使用个人信用信息，不得与自然人、法人、其它组织恶意串通，提供虚假信用报告。

第三十四条 征信服务中心应当建立个人信用数据库内部运行和外部访问的监控制度，监督个人信用数据库用户和商业银行用户的操作，防范对个人信用数据库的非法入侵。

第三十五条 征信服务中心应当建立灾难备份系统，采取必要的安全保障措施，防止系统数据丢失。

第三十六条 征信服务中心应当对商业银行的所有查询进行记录，并及时向商业银行反馈。

第三十七条 商业银行应当经常对个人信用数据库的查询情况进行检查，确保所有查询符合本办法的规定，并定期向中国人民银行及征信服务中心报告查询检查结果。

征信服务中心应当定期核查商业银行对个人信用数据库的查询情况。

第六章 罚 则

第三十八条 商业银行未按照本办法规定建立相应管理制度及操作规程的，由中国人民银行责令改正，逾期不改正的，给予警告，并处以三万元罚款。

第三十九条　商业银行有下列情形之一的，由中国人民银行责令改正，并处一万元以上三万元以下罚款；涉嫌犯罪的，依法移交司法机关处理：

（一）违反本办法规定，未准确、完整、及时报送个人信用信息的；

（二）违反本办法第七条规定的；

（三）越权查询个人信用数据库的；

（四）将查询结果用于本办法规定之外的其他目的的；

（五）违反异议处理规定的；

（六）违反本办法安全管理要求的。

第四十条　商业银行有本办法第三十八条至第三十九条规定情形的，中国人民银行可以建议商业银行对直接负责的董事、高级管理人员和其他直接责任人员给予纪律处分；涉嫌犯罪的，依法移交司法机关处理。

第四十一条　征信服务中心工作人员有下列情形之一的，由中国人民银行依法给予行政处分；涉嫌犯罪的，依法移交司法机关处理：

（一）违反本办法规定，篡改、毁损、泄露或非法使用个人信用信息的；

（二）与自然人、法人、其它组织恶意串通，提供虚假信用报告的。

第四十二条　中国人民银行其他工作人员有违反本办法规定的行为，造成个人信用信息被泄露的，依法给予行政处分；涉嫌犯罪的，依法移交司法机关处理。

第七章　附　则

第四十三条　本办法所称商业银行，是指在中华人民共和国境内设立的商业银行、城市信用合作社、农村信用合作社以及经国务院银行业监督管理机构批准的专门从事信贷业务的其他金融机构。

第四十四条　本办法由中国人民银行负责解释。

第四十五条　本办法自 2005 年 10 月 1 日起施行。

中国人民银行紧急贷款管理暂行办法

中国人民银行关于印发《中国人民银行紧急贷款管理暂行办法》的通知

银发〔1999〕407号

中国人民银行各分行、营业管理部：

为了维护金融体系的安全与稳定，防范和化解金融风险，总行制定了《中国人民银行紧急贷款管理暂行办法》，现印发给你们，请遵照执行。在本办法下发以前，分行（含营业管理部）经总行批准发放用于金融机构兑付存款的再贷款，适用本办法。分行（含营业管理部）要依据本办法完善此类再贷款的业务手续。

特此通知。

1999年12月3日

第一章　总　则

第一条　为了维护金融体系的安全与稳定，防范和化解金融风险，依据《中华人民共和国中国人民银行法》、《中华人民共和国商业银行法》，制定本办法。

第二条　本办法适用于经中国人民银行批准设立、具有法人资格的城市商业银行、城市信用合作社和农村信用合作社

(含农村信用合作社县联社，下同)。城方政府兑付被撤销地方金融机构的债务向中央借款，不适用本办法。

第三条 本办法所称紧急贷款，系指中国人民银行为帮助发生支付危机的上述金融机构缓解支付压力、恢复信誉，防止出现系统性或区域性金融风险而发放的人民币贷款。

第四条 紧急贷款的审批权属中国人民银行总行（以下简称总行)。经总行授权，中国人民银行分行、营业管理部（以下简称分行）可依据本办法规定审批、发放紧急贷款。

第二章 贷款条件

第五条 城市商业银行、城市信用合作社和农村信用合作社（以下统称借款人）申请紧急贷款，应符合下列条件：

（一）在中国人民银行开户行设立“准备金存款”账户，且经批准已全额或部分动用法定存款准备金；

（二）当地政府及有关部门对处置借款人的支付风险高度重视，并已采取增加其资金来源泉以及其他切实有效的救助措施；

（三）借款人已采取了清收债权、组织存款、系统内调度资金、同业拆借、资产变现等自救措施，自救态度积极、措施得力；

（四）当地政府和组建单位或股东制定的救助方案已经中国人民银行总行或分行批准，并承诺在规定时限内实行增资扩股，逐步减少经营亏损，发送其资信情况，查处违规、违纪行为和违法案件，追究有关当事人的经济、行政或刑事责任；

（五）依据《中华人民共和国担保法》提供担保；

（六）中国人民银行分行已派驻工作组或专人实施现场监管；

（七）中国人民银行认为必要的其他条件。

第六条 城市商业银行申请紧急贷款时，其原股东欠缴的股本已补足；资本充足率低于规定比例的，已开始实施增资扩股。

第三章 贷款用途、期限和利率

第七条 紧急贷款仅限用于兑付自然人存款的本金和合法利息，并优先用于兑付小额储蓄存款。

第八条 紧急贷款是最长期限 2 年。贷款到期归还确有困难的，经借款人申请，可批准展期一次，展期期限不得超过原贷款期限。紧急贷款期，应按本办法规定的审批权限报批，并由担保人出具同意的书面证明。

第九条 紧急贷款应执行总行制定的中国人民银行对金融机构贷款利率；发生逾期的紧急贷款，应执行再贷款罚息利率。

第四章 贷款管理

第十条 分行申请增加紧急贷款限额，应以分行名义书面申请。总行受理分行申请后，由货币政策司会同有关监管部门提出审查意见，报行长或主管副行长审批。

第十一条 对分行发放的紧急贷款实行单独管理和限额近代制。分行应在总行下达的紧急贷款额度内，依据本办法规定，审批、发放和管理紧急贷款，确定对单个借款人的贷款方式、数额和期限，并对辖内紧急贷款的合理使用和安全负责。

第十二条 分行应与借款人签定《借款合同》，并与借款人或其出资人、第三人签定《担保合同》，依法建立完备的贷款担保手续。

第十三条 分行应对紧急贷款实行专户管理，在再贷款科目下单独设立“紧急贷款”账户；在借款人准备金存款科目下单独设立“紧急贷款专户”，并按月向总行列报辖内紧急贷款的限额执行、发放进度、周转使用和到期收回情况。

第十四条 分行货币信贷部门应配合监管部门做好借款人支付风险的防范和化解工作；监管部门应按照发放紧急贷款时规定条件，督促借款人及其组建单位或股东和地方政府逐项落实承诺采取的救助措施。

第十五条 中国人民银行内审部门应根据实际情况，适时采取适当形式，对紧急贷款业务的管理情况进行内审。

第十六条 借款人应以法人名义（农村信用合作社以县联社为单位）向中国人民银行开户行申请紧急贷款，并提交足以证明其符合紧急贷款条件的书面文件和资料。

第十七条 借款人在借用紧急贷款期间，所筹资金除用于兑付储蓄存款外，应优先用于归还紧急贷款，不得增加新的资产运用，不得向股东分红派息，并向中国人民银行开户行报告每笔资产、负债的变动情况和每日的资金头寸表。

第十八条 借款人应当按照《借款合同》约定，按时足额归还紧急贷款本息。对逾期的紧急贷款，中国人民银行可依据《借款合同》和《担保合同》约定，从借款人准备金存款账户中扣收贷款本息；依法处置抵押物、质物，用于归还贷款本息；依法要求保证人履行还款保证责任。

第五章　罚　则

第十九条　借款人有下列情形之一，中国人民银行可提前收回部分或全部紧急贷款；情节严重的，取消其高级管理人员的任职资格：

（一）虚报资料，隐瞒事实，骗取紧急贷款的；

（二）违反本办法规定，挪用紧急贷款的；

（三）未按人民银行批准救助方案采取自救措施的；

第二十条　中国人民银行分支行有下列情形之一，上级行给予通报批评；情节严重的，对直接负责的主管行领导和其他直接责任人员给予行政处分：

（一）超过上级行下达限额发放紧急贷款的；

（二）不按照本办法规定对象、条件、期限和用途审批、发放紧急贷款的；

（三）对辖内紧急贷款管理不力、严重失职的。

第六章　附　则

第二十一条　经总行批准，对城市商业银行、城市信用合作社、农村信用合作社以外的商业银行及其他非银行金融机构发放紧急贷款，适用本办法。

第二十二条　本办法由总行负责解释。

第二十三条　本办法自下发之日起实行。

村镇银行管理暂行规定

中国银行业监督管理委员会关于印发
《村镇银行管理暂行规定》的通知
银监发〔2007〕5号

各银监局，各政策性银行、国有商业银行、股份制商业银行、金融资产管理公司，中国邮政储蓄银行，各省（自治区、直辖市）农村信用社联合社，北京、上海农村商业银行，天津农村合作银行，银监会直接监管的信托投资公司、财务公司、金融租赁公司：

为做好调整放宽农村地区银行业金融机构准入政策的试点工作，中国银行业监督管理委员会制定了《村镇银行管理暂行规定》，现印发给你们，请遵照执行。

请各银监局速将本通知转发至辖内各银监分局、城市商业银行、农村商业银行和农村合作银行。

二〇〇七年一月二十二日

第一章　总　则

第一条　为保护村镇银行、存款人和其他客户的合法权益，规范村镇银行的行为，加强监督管理，保障村镇银行持续、稳健发展，根据《中华人民共和国银行业监督管理法》、《中华人民共和国商业银行法》和《中华人民共和国公司法》等有关法律法规，制定本规定。

第二条　村镇银行是指经中国银行业监督管理委员会依据有关法律、法规批准，由境内外金融机构、境内非金融机构企业法人、境内自然人出资，在农村地区设立的主要为当地农民、农业和农村经济发展提供金融服务的银行业金融机构。

第三条　村镇银行是独立的企业法人，享有由股东投资形成的全部法人财产权，依法享有民事权利，并以全部法人财产独立承担民事责任。

村镇银行股东依法享有资产收益、参与重大决策和选择管理者等权利，并以其出资额或认购股份为限对村镇银行的债务承担责任。

第四条　村镇银行以安全性、流动性、效益性为经营原则，自主经营，自担风险，自负盈亏，自我约束。

村镇银行依法开展业务，不受任何单位和个人的干涉。

第五条　村镇银行不得向关系人发放信用贷款；向关系人发放担保贷款的条件不得优于其他借款人同类贷款的条件。

村镇银行不得发放异地贷款。

第六条 村镇银行应遵守国家法律、行政法规，执行国家金融方针和政策，依法接受银行业监督管理机构的监督管理。

第二章 机构的设立

第七条 村镇银行的名称由行政区划、字号、行业、组织形式依次组成，其中行政区划指县级行政区划的名称或地名。

第八条 设立村镇银行应当具备下列条件：

（一）有符合规定的章程；

（二）发起人或出资人应符合规定的条件，且发起人或出资人中应至少有1家银行业金融机构；

（三）在县（市）设立的村镇银行，其注册资本不得低于300万元人民币；在乡（镇）设立的村镇银行，其注册资本不得低于100万元人民币；

（四）注册资本为实收货币资本，且由发起人或出资人一次性缴足；

（五）有符合任职资格条件的董事和高级管理人员；

（六）有具备相应专业知识和从业经验的工作人员；

（七）有必需的组织机构和管理制度；

（八）有符合要求的营业场所、安全防范措施和与业务有关的其他设施；

（九）中国银行业监督管理委员会规定的其他审慎性条件。

第九条 村镇银行应依照《中华人民共和国公司法》自主选择组织形式。

第十条 设立村镇银行应当经过筹建和开业两个阶段。

第十一条 筹建村镇银行，申请人应提交下列文件、材料：

（一）筹建申请书；

（二）可行性研究报告；

（三）筹建工作方案；

（四）筹建人员名单及简历；

（五）发起人或出资人基本情况及除自然人以外的其他发起人或出资人最近2年经审计的会计报告；

（六）发起人或出资人为境内外金融机构的，应提交其注册地监管机构出具的书面意见；

（七）中国银行业监督管理委员会规定的其他材料。

第十二条 村镇银行的筹建期最长为自批准之日起6个月。筹建期内达到开业条件的，申请人可提交开业申请。

村镇银行申请开业，申请人应提交以下文件和材料：

（一）开业申请书；

（二）筹建工作报告；

（三）章程草案；

（四）拟任职董事、高级管理人员的任职资格申请书；

（五）法定验资机构出具的验资证明；

（六）营业场所所有权或使用权的证明材料；

（七）公安、消防部门对营业场所出具的安全、消防设施合格证明；

（八）中国银行业监督管理委员会规定的其他材料。

第十三条 申请村镇银行董事和高级管理人员任职资格，拟任人除应符合银行业监督管理机构规定的基本条件外，还应符合下列条件：

（一）村镇银行董事应具备与其履行职责相适应的知识、经验及能力；

（二）村镇银行董事长和高级管理人员应具备从事银行业工作 5 年以上，或者从事相关经济工作 8 年以上（其中从事银行业工作 2 年以上）的工作经验，具备大专以上（含大专）学历。

第十四条 村镇银行董事和高级管理人员的任职资格需经银监分局或所在城市银监局核准。银监分局或所在城市银监局自受理之日起 30 日内作出核准或不予核准的书面决定。

第十五条 村镇银行的筹建由银监分局或所在城市银监局受理，银监局审查并决定。银监局自收到完整申请材料或自受理之日起 4 个月内作出批准或不批准的书面决定。

村镇银行达到开业条件的，其开业申请由银监分局或所在城市银监局受理、审查并决定。银监分局或所在城市银监局自受理之日起 2 个月内做出核准或不予核准的决定。

第十六条 村镇银行可根据农村金融服务和业务发展需要，在县域范围内设立分支机构。设立分支机构不受拨付营运资金额度及比例的限制。

第十七条 村镇银行设立分支机构需经过筹建和开业两个阶段。

村镇银行分支机构的筹建方案，应事前报监管办事处备案。未设监管办事处的，向银监分局或所在城市银监局备案。村镇银行在分支机构筹建方案备案后即可开展筹建工作。

村镇银行分支机构开业申请，由银监分局或所在城市银监局受理、审查并决定，银监分局或所在城市银监局自受理之日起2个月内作出核准或不予核准的决定。

第十八条 村镇银行分支机构的负责人应通过所在地银监局组织的从业资格考试，并在任职前报银监分局或所在城市银监局备案。

第十九条 经核准开业的村镇银行及其分支机构，由决定机关颁发金融许可证，并凭金融许可证向工商行政管理部门办理登记，领取营业执照。

第三章 股权设置和股东资格

第二十条 村镇银行的股权设置按照《中华人民共和国公司法》有关规定执行。

第二十一条 境内金融机构投资入股村镇银行，应符合以下条件：

（一）商业银行未并表和并表后的资本充足率均不低于8%，且主要审慎监管指标符合监管要求；其他金融机构的主要合规和审慎监管指标符合监管要求；

（二）财务状况良好，最近2个会计年度连续盈利；

（三）入股资金来源真实合法；

（四）公司治理良好，内部控制健全有效；

（五）中国银行业监督管理委员会规定的其他审慎性条件。

境内金融机构出资设立或入股村镇银行须事先报经银行业监督管理机构及有关部门批准。

第二十二条 境外金融机构投资入股村镇银行，应符合以下条件：

（一）最近1年年末总资产原则上不少于10亿美元；

（二）财务稳健，资信良好，最近2个会计年度连续盈利；

（三）银行业金融机构资本充足率应达到其注册地银行业资本充足率平均水平且不低于8%，非银行金融机构资本总额不低于加权风险资产总额的10%；

（四）入股资金来源真实合法；

（五）公司治理良好，内部控制健全有效；

（六）注册地国家（地区）金融机构监督管理制度完善；

（七）该项投资符合注册地国家（地区）法律、法规的规定以及监管要求；

（八）注册地国家（地区）经济状况良好；

（九）中国银行业监督管理委员会规定的其他审慎性条件。

第二十三条 境内非金融机构企业法人投资入股村镇银行，应符合以下条件：

（一）在工商行政管理部门登记注册，具有法人资格；

（二）有良好的社会声誉、诚信记录和纳税记录；

（三）财务状况良好，入股前上一年度盈利；

（四）年终分配后，净资产达到全部资产的10%以上（合并会计报表口径）；

（五）入股资金来源合法，不得以借贷资金入股，不得以他人委托资金入股；

（六）有较强的经营管理能力和资金实力；

（七）中国银行业监督管理委员会规定的其他审慎性条件。

拟入股的企业法人属于原企业改制的，原企业经营业绩及经营年限可以延续作为新企业的经营业绩和经营年限计算。

第二十四条 境内自然人投资入股村镇银行的，应符合以下条件：

（一）有完全民事行为能力；

（二）有良好的社会声誉和诚信记录；

（三）入股资金来源合法，不得以借贷资金入股，不得以他人委托资金入股；

（四）中国银行业监督管理委员会规定的其他审慎性条件。

第二十五条 村镇银行最大股东或惟一股东必须是银行业金融机构。最大银行业金融机构股东持股比例不得低于村镇银行股本总额的20%，单个自然人股东及关联方持股比例不得超过村镇银行股本总额的10%，单一非银行金融机构或单一非金融机构企业法人及其关联方持股比例不得超过村镇银行股本总额的10%。

任何单位或个人持有村镇银行股本总额5%以上的，应当事前报经银监分局或所在城市银监局审批。

第二十六条 村镇银行在向工商行政管理部门登记后，向认缴股本的股东签发记名股权证，作为股东所持股份和分红的凭证。

第二十七条 村镇银行股东不得虚假出资或者抽逃出资。

村镇银行不得接受本行股份作为质押权标的。

第二十八条 村镇银行的股份可依法转让、继承和赠与。但发起人或出资人持有的股份自村镇银行成立之日起3年内不得转让或质押。村镇银行董事、行长和副行长持有的股份，在任职期间内不得转让或质押。

第二十九条 村镇银行的实收资本变更后，必须相应变更其注册资本。

第四章 公司治理

第三十条 村镇银行的组织机构及其职责应按照《中华人民共和国公司法》的相关规定执行，并在其章程中明确。

第三十一条 村镇银行应根据其决策管理的复杂程度、业务规模和服务特点设置简洁、灵活的组织机构。

村镇银行可只设立董事会，行使决策和监督职能；也可不设董事会，由执行董事行使董事会相关职责。

第三十二条 村镇银行应建立有效的监督制衡机制。不设董事会的，应由利益相关者组成的监督部门（岗位）或利益相关者派驻的专职人员行使监督检查职责。

第三十三条 村镇银行设行长 1 名，根据需要设副行长 1 至 3 名。规模较小的村镇银行，可由董事长或执行董事兼任行长。

村镇银行董事会或监督管理部门（岗位）应对行长实施年度专项审计。审计结果应向董事会、股东会或股东大会报告，并报银监分局或所在城市银监局备案。行长、副行长离任时，须进行离任审计。

第三十四条 村镇银行可设立独立董事。独立董事与村镇银行及其主要股东之间不应存在影响其独立判断的关系。独立董事履行职责时尤其要关注存款人和中小股东的利益。

第三十五条 村镇银行董事和高级管理人员对村镇银行负

有忠实义务和勤勉义务。

董事违反法律、法规或村镇银行章程，致使村镇银行形成严重损失的，应当承担赔偿责任。

行长、副行长违反法律、法规或超出董事会或执行董事授权范围作出决策，致使村镇银行遭受严重损失的，应承担相应赔偿责任。

第三十六条 村镇银行董事会和经营管理层可根据需要设置不同的专业委员会，提高决策管理水平。

规模较小的村镇银行，可不设专业委员会，并视决策复杂程度和风险高低程度，由相关的专业人员共同研究决策或直接由股东会或股东大会做出决策。

第三十七条 村镇银行要建立适合自身业务特点和规模的薪酬分配制度、正向激励约束机制，培育与当地农村经济发展相适应的企业文化。

第五章 经营管理

第三十八条 经银监分局或所在城市银监局批准，村镇银行可经营下列业务：

（一）吸收公众存款；

（二）发放短期、中期和长期贷款；

（三）办理国内结算；

（四）办理票据承兑与贴现；

（五）从事同业拆借；

（六）从事银行卡业务；

（七）代理发行、代理兑付、承销政府债券；

（八）代理收付款项及代理保险业务；

（九）经银行业监督管理机构批准的其他业务。

村镇银行按照国家有关规定，可代理政策性银行、商业银行和保险公司、证券公司等金融机构的业务。

有条件的村镇银行要在农村地区设置ATM机，并根据农户、农村经济组织的信用状况向其发行银行卡。

对部分地域面积大、居住人口少的村、镇，村镇银行可通过采取流动服务等形式提供服务。

第三十九条 村镇银行在缴足存款准备金后，其可用资金应全部用于当地农村经济建设。村镇银行发放贷款应首先充分满足县域内农户、农业和农村经济发展的需要。确已满足当地农村资金需求的，其富余资金可投放当地其他产业、购买涉农债券或向其他金融机构融资。

第四十条 村镇银行应建立适合自身业务发展的授信工作机制，合理确定不同借款人的授信额度。在授信额度以内，村镇银行可以采取一次授信、分次使用、循环放贷的方式发放贷款。

第四十一条 村镇银行发放贷款应坚持小额、分散的原则，提高贷款覆盖面，防止贷款过度集中。村镇银行对同一借款人的贷款余额不得超过资本净额的5%；对单一集团企业客户的授信余额不得超过资本净额的10%。

第四十二条 村镇银行应按照国家有关规定，建立审慎、规范的资产分类制度和资本补充、约束机制，准确划分资产质量，充分计提呆账准备，及时冲销坏账，真实反映经营成果，确保资本充足率在任何时点不低于 8%，资产损失准备充足率不低于 100%。

第四十三条 村镇银行应建立健全内部控制制度和内部审计机制，提高风险识别和防范能力，对内部控制执行情况进行检查、评价，并对内部控制的薄弱环节进行纠正和完善，确保依法合规经营。

第四十四条 村镇银行执行国家统一的金融企业财务会计制度以及银行业监督管理机构的有关规定，建立健全财务、会计制度。

村镇银行应真实记录并全面反映其业务活动和财务状况，编制财务会计报告，并提交其权力机构审议。有条件的村镇银行，可引入外部审计制度。

第四十五条 村镇银行应按规定向银监分局或所在城市银监局报送会计报告、统计报表及其他资料，并对报告、资料的真实性、准确性、完整性负责。

第四十六条 村镇银行应建立信息披露制度，及时披露年度经营情况、重大事项等信息。

第六章 监督检查

第四十七条 村镇银行开展业务，依法接受银行业监督管理机构监督管理。

第四十八条 银行业监督管理机构根据村镇银行业务发展和当地客户的金融服务需求，结合非现场监管及现场检查结果，依法审批村镇银行的业务范围和新增业务种类。

第四十九条 银行业监督管理机构依据国家有关法律、行政法规，制定村镇银行的审慎经营规则，并对村镇银行风险管理、内部控制、资本充足率、资产质量、资产损失准备充足率、风险集中、关联交易等方面实施持续、动态监管。

第五十条 银行业监督管理机构按照《商业银行监管内部评级指引》的有关规定，制定对村镇银行的评级办法，并根据监管评级结果，实施差别监管。

第五十一条 银行业监督管理机构根据村镇银行的资本充足状况和资产质量状况，适时采取下列监管措施：

（一）对资本充足率大于8%、不良资产率低于5%的，适当减少现场检查的频率和范围，支持其稳健发展；

（二）对资本充足率高于4%但低于8%的，要督促其制订切实可行的资本补充计划，限期提高资本充足率，并加大非现场监管及现场检查力度，适时采取限制其资产增长速度、固定资产购置、分配红利和其他收入、增设分支机构、开办新业务等措施；

（三）对限期内资本充足率降至4%、不良资产率高于15%的，可适时采取责令调整董事或高级管理人员、停办部分或所有业务、限期重组等措施进行纠正；

（四）对在规定期限内仍不能实现有效重组、资本充足率降至2%及2%以下的，应适时接管、撤销或破产。

第五十二条 银行业监督管理机构应建立对村镇银行支农服务质量的考核体系和考核办法，定期对村镇银行发放支农贷款情况进行考核评价，并可将考核评价结果作为对村镇银行综合评价、行政许可以及高级管理人员履职评价的重要内容。

第五十三条 村镇银行违反本规定的，银行业监督管理机构有权采取风险提示、约见其董事或高级管理人员谈话、监管质询、责令停办业务等措施，督促其及时进行整改，防范风险。

第五十四条 村镇银行及其工作人员在业务经营和管理过程中，有违反国家法律、行政法规行为的，由银行业监督管理机构依照《中华人民共和国银行业监督管理法》、《中华人民共和国商业银行法》等有关法律法规实施处罚；构成犯罪的，依法追究刑事责任。

第五十五条 村镇银行及其工作人员对银行业监督管理机构的处罚决定不服的，可依法提请行政复议或向人民法院提起行政诉讼。

第七章 机构变更与终止

第五十六条 村镇银行有下列变更事项之一的，需经银监分局或所在城市银监局批准：

（一）变更名称；

（二）变更注册资本；

（三）变更住所；

（四）调整业务范围；

（五）变更持有资本总额或者股份总额5%以上的股东；

（六）修改章程；

（七）变更组织形式；

（八）中国银行业监督管理委员会规定的其他变更事项。

更换董事、高级管理人员时，应报经银行业监督管理机构核准其任职资格。

第五十七条 村镇银行的接管、解散、撤销和破产，执行《中华人民共和国商业银行法》及有关法律、行政法规的规定。

第五十八条 村镇银行因解散、被撤销和被宣告破产而终止的，应向发证机关缴回金融许可证，及时到工商行政管理部门办理注销登记，并予以公告。

第八章　附　则

第五十九条 本规定所称农村地区，是指中西部、东北和海南省县（市）及县（市）以下地区，以及其他省（区、市）的国定贫困县和省定贫困县及县以下地区。

第六十条 本规定所称境内金融机构，是指《中华人民共和国银行业监督管理法》第二条所列金融机构。

第六十一条 本规定未尽事宜，按照《中华人民共和国银行业监督管理法》和《中华人民共和国商业银行法》等有关法律、法规和规章执行。

第六十二条 本规定由中国银行业监督管理委员会负责解释。

第六十三条 本规定自发布之日起施行。

附　录

中国银行业监督管理委员会关于调整放宽农村地区银行业金融机构准入政策更好支持社会主义新农村建设的若干意见

银监发〔2006〕90 号

各银监局，各政策性银行、国有商业银行、股份制商业银行、金融资产管理公司，国家邮政局邮政储汇局，各省（自治区、直辖市）农村信用社联合社，北京、上海农村商业银行，天津农村合作银行，银监会直接监管的信托投资公司、财务公司、金融租赁公司：

为解决农村地区银行业金融机构网点覆盖率低、金融供给不足、竞争不充分等问题，中国银行业监督管理委员会按照商业可持续原则，适度调整和放宽农村地区银行业金融机构准入政策，降低准入门槛，强化监管约束，加大政策支持，促进农村地区形成投资多元、种类多样、覆盖全面、治理灵活、服务高效的银行业金融服务体系，以更好地改进和加强农村金融服务，支持社会主义新农村建设。现就调整放宽农村地区银行业金融机构准入政策有关问题提出如下意见：

一、适用范围和原则

本意见适用于中西部、东北和海南省的县（市）及县（市）以下地区，以及其他省（区、市）的国定贫困县和省定贫困县（以下统称农村地区）。

农村地区银行业金融机构准入政策调整涉及面广，要积极、稳妥地开展这项工作，按照“先试点，后推开；先中西部，后内地；先努力解决服务空白问题，后解决竞争不充分问题”的原则和步骤，在总结经验的基础上，完善办法，稳步推开。首批试点选择在四川、青海、甘肃、内蒙古、吉林、湖北6省（区）的农村地区开展。

二、准入政策调整和放宽的具体内容

（一）放开准入资本范围

积极支持和引导境内外银行资本、产业资本和民间资本到农村地区投资、收购、新设以下各类银行业金融机构：一是鼓励各类资本到农村地区新设主要为当地农户提供金融服务的村镇银行。二是农村地区的农民和农村小企业也可按照自愿原则，发起设立为入股社员服务、实行社员民主管理的社区性信用合作组织。三是鼓励境内商业银行和农村合作银行在农村地区设立专营贷款业务的全资子公司。四是支持各类资本参股、收购、重组现有农村地区银行业金融机构，也可将管理相对规范、业务量较大的信用代办站改造为银行业金融机构。五是支持专业经验丰富、经营业绩良好、内控管理能力强的商业银行和农村合作银行到农村地区设立分支机构，鼓励现有的农村合作金融机构在本机构所在地辖内的乡（镇）和行政村增设分支机构。

上述新设银行业法人机构总部原则上设在农村地区，也可以设在大中城市，但其具备贷款服务功能的营业网点只能设在县（市）或县（市）以下的乡（镇）和行政村。农村地区各类银行业金融机构，尤其是新设立的机构，其金融服务必须能够覆盖机构所在地辖内的乡（镇）或行政村。

对在农村地区设立机构的申请，监管机构可在同等条件下优先审批。股份制商业银行、城市商业银行在农村地区设立分支机构，且开展实质性贷款活动的，不占用其年度分支机构设置规划指标，并可同时在发达地区优先增设分支机构；国有商业银行、股份制商业银行、城市商业银行在大中城市新设立分支机构的，原则上应在新设机构所在地辖内的县（市）、乡（镇）或行政村也相应设立分支机构。

（二）调低注册资本，取消营运资金限制

根据农村地区金融服务规模及业务复杂程度，合理确定新设银行业金融机构注册资本。一是在县（市）设立的村镇银行，其注册资本不得低于人民币 300 万元；在乡（镇）设立的村镇银行，其注册资本不得低于人民币 100 万元。二是在乡（镇）新设立的信用合作组织，其注册资本不得低于人民币 30 万元；在行政村新设立的信用合作组织，其注册资本不得低于人民币 10 万元。三是商业银行和农村合作银行设立的专营贷款业务的全资子公司，其注册资本不得低于人民币 50 万元。四是适当降低农村地区现有银行业金融机构通过合并、重组、改制方式设立银行业金融机构的注册资本，其中，农村合作银行的注册资本不得低于人民币 1000 万元，以县（市）为单位实施统一法人的机构，其注册资本不得低于人民币 300 万元。

取消境内银行业金融机构对在县（市）、乡（镇）、行政村设立分支机构拨付营运资金的限额及相关比例的限制。

（三）调整投资人资格，放宽境内投资人持股比例

适当调整境内企业法人向农村地区银行业法人机构投资入股的条件。境内企业法人应具备良好诚信记录、上一年度盈利、年终分配后净资产达到全部资产的10%以上（合并会计报表口径）、资金来源合法等条件。

资产规模超过人民币50亿元，且资本充足率、资产损失准备充足率以及不良资产率等主要审慎监管指标符合监管要求的境内商业银行、农村合作银行，可以在农村地区设立专营贷款业务的全资子公司。

村镇银行应采取发起方式设立，且应有1家以上（含1家）境内银行业金融机构作为发起人。适度提高境内投资人入股农村地区村镇银行、农村合作金融机构持股比例。其中，单一境内银行业金融机构持股比例不得低于20%，单一自然人持股比例、单一其他非银行企业法人及其关联方合计持股比例不得超过10%。任何单位或个人持有村镇银行、农村合作金融机构股份总额5%以上的，应当事先经监管机构批准。

（四）放宽业务准入条件与范围

在成本可算、风险可控的前提下，积极支持农村地区银行业金融机构开办各类银行业务，提供标准化的银行产品与服务。鼓励并扶持农村地区银行业金融机构开办符合当地客户合理需求的金融创新产品和服务。农村地区银行业法人机构的具体业务准入实行区别对待，因地制宜，由当地监管机构根据其非现场监管及现场检查结果予以审批。

充分利用商业化网络销售政策性金融产品。在农村地区特别是老少边穷地区，要充分发挥政策性银行的作用。在不增设机构网点和风险可控的前提下，政策性银行要逐步加大对农村地区的金融服务力度，加大信贷投入。鼓励政策性银行在农村地区开展业务，并在平等自愿、诚实信用、等价有偿、优势互补原则基础上，与商业性银行业金融机构开展业务合作，适当拓展业务空间，加大政策性金融支农服务力度。

鼓励大型商业银行创造条件在农村地区设置ATM机，并根据农户、农村经济组织的信用状况向其发行银行卡。支持符合条件的农村地区银行业金融机构开办银行卡业务。

（五）调整董（理）事、高级管理人员准入资格

1. 村镇银行的董事应具备与拟任职务相适应的知识、经验及能力，其董事长、高级管理人员应具备从事银行业工作5年以上，或者从事相关经济工作8年以上（其中从事银行业工作2年以上）的工作经验，具备大专以上（含大专）学历。

2. 在乡（镇）、行政村设立的信用合作组织，其高级管理人员应具备高中或中专以上（含高中或中专）学历。

3. 专营贷款业务的全资子公司负责人，由其投资人自行决定，事后报备当地监管机构。

4. 取消在农村地区新设银行业金融机构分支机构高级管理人员任职资格审查的行政许可事项，改为参加从业资格考试合格后即可上岗。

5. 村镇银行、信用合作组织、专营贷款业务的全资子公司，可根据本地产业结构或信贷管理的实际需要，在同等条

件下，适量选聘具有农业技术专长的人员作为其董（理）事、高级管理人员，或从事信贷管理工作。

（六）调整新设法人机构或分支机构的审批权限

上述准入政策调整范围内的银行业法人机构设立，分为筹建和开业两个阶段。其筹建申请，由银监分局受理，银监局审查并决定；开业申请，由银监分局受理、审查并决定。在省会城市所辖农村地区设立银行业法人机构的，由银监局受理、审查并决定。

其筹建行政许可事项，其筹建方案应事前报当地监管机构备案（设监管办事处的，报监管办事处备案）。其开业申请，由银监分局受理、审查并决定；未设银监分局的，由银监局受理、审查并决定。

上述法人机构及其分支机构的金融许可证，由决定机关颁发。

（七）实行简洁、灵活的公司治理

农村地区新设的各类银行业金融机构，应针对其机构规模小、业务简单的特点，按照因地制宜、运行科学、治理有效的原则，建立并完善公司治理，在强化决策过程的控制与管理、缩短决策链条、提高决策经营效率的同时，要加强对高级管理层履职行为的约束，防止权力的失控。

一是新设立或重组的村镇银行，可只设董事会，并由董事会行使对高级管理层的监督职能。董事会可不设或少设专门委员会，并可视需要设立相应的专门管理小组或岗位，规模微小的村镇银行，其董事长可兼任行长。

二是信用合作组织可不设理事会，由其社员大会直接选举产生经营管理层，但应设立由利益相关者组成的监事会。

三是专营贷款业务的全资子公司，其经营管理层可由投资人直接委派，并实施监督。

农村地区新设银行业金融机构，要科学设置业务流程和管理流程，精简设置职能部门，提高效率，降低成本，实现高效、安全、稳健运作。

村镇银行、信用合作组织以及专营贷款业务的全资子公司的管理办法另行制定。

外资金融机构除执行《中华人民共和国外资银行管理条例》（中华人民共和国国务院令第478号）和《境外金融机构投资入股中资金融机构管理办法》（中国银行业监督管理委员会令2003年第6号）等法律、法规外，在农村地区的其他准入政策适用本意见。

三、主要监管措施

（一）坚持“低门槛、严监管”的原则，实施审慎监管

要强化对农村地区新设银行业法人机构资本充足率、资产损失准备充足率、不良资产率及单一集团客户授信集中度的持续、动态监管。农村地区新设银行业法人机构必须执行审慎、规范的资产分类制度，在任何时点，其资本充足率不得低于8%，资产损失准备充足率不得低于100%，内部控制、贷款集中、资产流动性等应严格满足审慎监管要求。村镇银行不得为股东及其关联方提供贷款。

（二）根据农村地区新设银行业法人机构的资本充足状况及资产质量状况，适时采取差别监管措施

1. 对资本充足率大于8%、不良资产率在5%以下的，监

管机构可适当减少对其现场检查的频率或范围，支持其稳健发展。

2. 对资本充足率低于 8%、大于 4%的，要督促其限期提高资本充足率，并加大非现场监管及现场检查的力度，适时采取限制资产增长速度、固定资产购置、分配红利和其他收入、增设分支机构、开办新业务以及要求其降低风险资产规模等措施，督促其限期进行整改。

3. 对限期达不到整改要求、资本充足率下降至 4%、不良资产率高于 15%的，可适时采取责令其调整高级管理人员、停办所有业务、限期重组等措施。四是在限期内仍不能有效实现减负重组、资本充足率降至 2%以下的，应适时接管、撤销或破产。

对专营贷款业务的全资子公司，应主要实施合规监管，并与其母公司实施并表监管。

（三）引导和监督新设银行业法人机构的资金投向

原则上，信用合作组织应将其资金全部用于社员，确有资金富余的，可存放其他银行业金融机构或购买政府债券、金融债券。对新设立的信用合作组织，只要其管理规范，诚实守信，运行良好，其他银行业金融机构可根据其实际需要予以融资支持。鼓励农村地区其他新设银行业金融机构在兼顾当地普惠性和商业可持续性的前提下，将其在当地吸收的资金尽可能多地用于当地。对确已满足当地农村资金需求的，其富余资金可用于购买中国农业发展银行发行的金融债券，或通过其他合法渠道向“三农”融资。

（四）建立农村地区银行业金融机构支农服务质量评价考

核体系

1. 农村地区银行业金融机构应制定满足区域内农民、农村经济对金融服务需求的信贷政策，并结合当地经济、社会发展的实际情况，制定明确的服务目标，保证其贷款业务辐射一定的地域和人群。

2. 银行业金融机构应根据在农村地区开展贷款业务的特点，积极开展制度创新，构建正向激励约束机制，建立符合“三农”实际的贷款管理制度，培育与社会主义新农村建设相适应的信贷文化。

3. 监管机构应建立对农村地区银行业金融机构的支农服务质量考核体系，并将考核结果作为对该机构综合评价、行政许可以及高级管理人员履职评价的重要内容，促进农村地区银行业金融机构安全稳健经营，满足农村地区的有效金融需求。

二〇〇六年十二月二十日

中国银监会关于银行业金融机构大力发展农村小额贷款业务的指导意见

银监发〔2007〕67号

各银监局，各政策性银行、国有商业银行、股份制商业银行，邮政储蓄银行，各省级农村信用联社，北京、上海农村商业银行，天津农村合作银行：

为认真贯彻中央农村工作会议和全国金融工作会议精神，更好地发挥农村小额贷款在支持社会主义新农村建设中的作用，结合当前农村经济金融形势，现就银行业金融机构大力发展农村小额贷款业务提出以下意见。

一、充分认识发展农村小额贷款业务的重要意义

农村小额贷款是向农户、农村工商户以及农村小企业提供的额度较小的贷款。近年来，各银行业金融机构按照监管部门的指导和要求，围绕发展农村小额贷款业务、改进“三农”金融服务做了大量工作，农户小额信用贷款和农户联保贷款的广度不断拓展，小额存单质押贷款试点工作稳步推进，农村小企业融资取得了新的进展，在缓解“三农”贷款难，支持农业增产、农民增收和农村经济发展等方面发挥了积极作用。

但是，应该看到，目前农村小额贷款开展过程中仍然存在一些问题和不足，制约了其持续健康发展。一是思想认识不到位，部分机构作风不够扎实，工作不深入，坐门等客思想仍比较严重。二是业务发展不平衡，部分机构信贷管理能力较低，

信贷电子化建设滞后，贷款手续繁琐，贷款操作不够规范，办理效率低，业务发展缓慢。三是部分机构对政策的领会不到位、执行比较僵化，一些机构还不同程度地存在授信额度“一刀切”、贷款利率“一浮到顶”等现象。四是农村信用建设滞后，征信体系尚未建立，担保机制不健全，农村金融消费者金融意识薄弱，部分农村地区信用环境较差。五是原有农村小额贷款制度滞后，利率定价机制不灵活，风险管理缺乏持续性，贷款用途、额度、期限等与农村需求不适应。

随着社会主义新农村建设的大力推进，农村经济社会发生了深刻变化，农村小额融资需求已逐步由简单的生产生活需求向扩大再生产、高层次消费需求转变，由零散、小额的需求向集中、大额的需求转变，由传统耕作的季节性需求向现代农业的长期性需求转变，呈现出多元化、多层次特征，原有的农村小额贷款已经无法满足日益增长的融资需求。主动适应农村小额融资需求变化，大力发展农村小额贷款，是有效解决农民贷款难，支持广大农民致富奔小康，促进农村市场繁荣和城乡协调发展的迫切需要；是银行业金融机构履行社会责任，培育新的利润增长点，提高竞争力和可持续发展能力的有效选择；是加强农村诚信建设，优化农村信用环境，抑制非法金融活动，建立良好金融秩序的重要依托。

发展农村小额贷款业务要坚持以下原则：一是坚持为农民、农业和农村服务与可持续发展相结合；二是坚持发挥正规金融主渠道作用与有效发挥各类小额信贷组织的补充作用相结合；三是坚持市场竞争与业务合作相结合；四是坚持发展业务和防范风险相结合；五是坚持政策扶持与增强自身支农能力相结合。

各级监管部门和银行业金融机构要进一步统一思想，全面落实科学发展观，提高对发展农村小额贷款重要性和迫切性的认识，增强做好农村小额贷款工作的责任感和紧迫感。各银行业金融机构要进一步转换经营理念，改进工作作风，结合当地农村经济金融发展实际，切实加强农村小额贷款的营销和管理，为“三农”发展提供有力的信贷资金支持。

二、调整完善农村小额贷款的相关政策

发展农村小额贷款，关键靠创新。各银行业金融机构要在认真总结农村小额贷款工作，借鉴成功运作经验的基础上，坚持因地制宜、因时而变，大力推进农村小额贷款创新，以适应社会主义新农村建设对金融服务提出的新要求。

（一）放宽小额贷款对象

进一步拓宽小额贷款投放的广度，在支持家庭传统耕作农户和养殖户的基础上，将服务对象扩大到农村多种经营户、个体工商户以及农村各类微小企业，具体包括种养大户、订单农业户、进城务工经商户、小型加工户、运输户、农产品流通户和其他与“三农”有关的城乡个体经营户。

（二）拓展小额贷款用途

根据当地农村经济发展情况，拓宽农村小额贷款用途，既要支持传统农业，也要支持现代农业；既要支持单一农业，也要支持有利于提高农民收入的各产业；既要满足农业生产费用融资需求，也要满足农产品生产、加工、运输、流通等各个环节融资需求；既要满足农民简单日常消费需求，也要满足农民购置高档耐用消费品、建房或购房、治病、子女上学等各种合理消费需求；既要满足农民在本土的生产贷款需求，也要满足农民外出务工、自主创业、职业技术培训等创业贷款需求。

（三）提高小额贷款额度

根据当地农村经济发展水平以及借款人生产经营状况、偿债能力、收入水平和信用状况，因地制宜地确定农村小额贷款额度。原则上，对农村小额信用贷款额度，发达地区可提高到10万-30万元，欠发达地区可提高到1万-5万元，其他地区在此范围内视情况而定；联保贷款额度视借款人实际风险状况，可在信用贷款额度基础上适度提高。对个别生产规模大、经营效益佳、信用记录好、资金需求量大的农户和农村小企业，在报经上级管理部门备案后可再适当调高贷款额度。

（四）合理确定小额贷款期限

根据当地农业生产的季节特点、贷款项目生产周期和综合还款能力等，灵活确定小额贷款期限。禁止人为缩短贷款期限，坚决打破“春放秋收冬不贷”和不科学的贷款不跨年的传统做法。允许传统农业生产的小额贷款跨年度使用，要充分考虑借款人的实际需要和灾害等带来的客观影响，个别贷款期限可视情况延长。对用于温室种养、林果种植、茶园改造、特种水产（畜）养殖等生产经营周期较长或灾害修复期较长的贷款，期限可延长至3年。消费贷款的期限可根据消费种类、借款人综合还款能力、贷款风险等因素由借贷双方协商确定。对确因自然灾害和疫病等不可抗力导致贷款到期无法偿还的，在风险可控的前提下可予以合理展期。

（五）科学确定小额贷款利率

实行贷款利率定价分级授权制度，法人机构应对分支机构贷款权限和利率浮动范围一并授权。分支机构应在法规和政策允许范围内，根据贷款利率授权，综合考虑借款人信用等级、贷款金额、贷款期限、资金及管理成本、风险水平、资本回报要求以及当地市场利率水平等因素，在浮动区间内进行转授权或自主确定贷款利率。

（六）简化小额贷款手续

在确保法律要素齐全的前提下，坚持便民利民原则，尽量简化贷款手续，缩短贷款审查时间。全面推广使用贷款证，对已获得贷款证的农户和农村小企业，凭贷款证和有效身份证件即可办理贷款手续。增加贷款申请受理的渠道，在营业网点设立农村小额贷款办理专柜或兼柜，开辟农村小额贷款绿色通道，方便农户和农村小企业申请贷款。协调有关部门，把农户贷款与银行卡功能有机结合起来，根据条件逐步把借记卡升级为贷记卡，在授信额度内采取“一次授信、分次使用、循环放贷”的方式，进一步提高贷款便利程度。

（七）强化动态授信管理

根据信用贷款和联保贷款的特点，按照“先评级—后授信—再用信”的程序，建立农村小额贷款授信管理制度以及操作流程。综合考察影响农户和农村小企业还款能力、还款意愿、信用记录等各种因素，及时评定申请人的信用等级，核发贷款证，实行公开授信。对农村小企业及其关联企业、农业合作经济组织等，以法人机构或授权的分支机构为单位，推行内部统一授信，同时注重信息工作，注意发挥外部评级机构的作用，防范客户交叉违约风险。对小额贷款客户资信状况和信用额度实行按年考核、动态管理，适时调整客户的信用等级和授信额度，彻底纠正授信管理机制僵化、客户信用等级管理滞后的问题。

（八）改进小额贷款服务方式

进一步转变工作作风，加强贷款营销，及时了解和满足农民资金需求，坚决改变等客上门的做法。要细分客户群体，对重点客户和优质客户，推行“一站式”服务，并在信贷审批、利率标准、信用额度、信贷种类等方面提供方便和优惠。尽量缩短贷款办理时间，原则上农户老客户小额贷款应在一天内办结，新客户小额贷款应在一周内办结，农村小企业贷款应在一周内办结，个别新企业也应在二周内告具结果。灵活还款方式，根据客户还款能力可采取按周、按月、按季等额或不等额分期还本付息等方式。对个别地域面积大、居住人口少的村镇，可通过流动服务等方式由客户经理上门服务。提高农村小额贷款透明度，公开授信标准、贷款条件和贷款发放程序，定期公布农村小额贷款授信和履约还款等情况。

（九）完善小额贷款激励约束机制

按照权、责、利相结合的原则，建立和完善农村小额贷款绩效评估机制，逐步建立起“定期检查，按季通报，年终总评，奖罚兑现”的考核体系。实行农村小额贷款与客户经理“三包一挂”制度，即包发放、包管理、包收回，绩效工资与相关信贷资产的质量、数量挂钩。建立科学、合理、规范的贷款管理责任考核制度，进一步明确客户经理和有关人员的责任。加强对农村小额贷款发放和管理各环节的尽职评价，对违反规定办理贷款的，严格追究责任；对尽职无错或非人为过错的，应减轻或免除相关责任；对所贷款项经常出现风险的要适时调整工作人员岗位，或视情况加强有针对性培训。

（十）培育农村信用文化

加快农村征信体系建设，依托全国集中统一的企业和个人信用信息基础数据库，尽快规范和完善农户和农村小企业信用档案。银行业金融机构要积极主动加入企业和个人信用信息基础数据库，实现与其他金融机构的信息共享。进一步推广信用户、信用村、信用乡（镇）制度，发挥好银行业金融机构的主导作用，通过建立农户自愿参加、政府监督指导、金融机构提供贷款支持的信贷管理模式，激发广大农民的积极性，把信用村镇创建活动引向深入。要坚持实事求是、循序渐进的原则，做到成熟一个发展一个，避免流于形式。对信用户的贷款需求，应在同等条件下实行贷款优先、利率优惠、额度放宽、手续简化的正向激励机制。结合信用村镇创建工作，加大宣传力度，为农村小额贷款业务的健康发展营造良好的信用环境。

三、切实加强对发展农村小额贷款业务的监督和指导

在推进农村小额贷款工作的过程中，各级监管部门和银行业金融机构要精心组织，分工负责，各司其职，协调配合，形成合力。

（一）加强组织领导

银行业金融机构要把大力发展农村小额贷款业务作为长期重要工作，成立专门的领导小组，负责具体推动农村小额贷款工作。各银行业金融机构要根据自身特点和管理要求，制定农村小额贷款业务发展规划，指导分支机构制定具体工作方案，明确阶段性任务目标。农村合作金融机构、邮政储蓄银行、村镇银行、贷款公司、资金互助社等机构应把农村小额贷款的增

量（包括累放、累收量）和质量作为年度经营目标考核的重要内容，加强绩效考核。加强对农村小额贷款客户经理的针对性培训，提高其开拓市场和发展业务的能力。要加强宣传引导，强化督促检查，认真总结推广好的做法和先进经验，及时解决具体工作中出现的新情况和新问题。在业务开展过程中，要注重争取地方党政部门的支持，特别要充分发挥村委会和支委会的作用，对参与贷款清收工作的地方党政人员、村委会和支委会干部，银行业金融机构可根据放贷金额、贷款利息和不良贷款清收等，结合自身经营实际情况，采取适当奖励措施。

（二）加强农村小额贷款的风险控制

要继续完善农村小额贷款制度和流程，保证程序到位、管理到位、风险控制到位。全面推行农村小额贷款客户经理制，根据客户经理的营销能力、业务素质、前期业绩和业务区域的经济发展水平等，强化对一线人员的专业化培训，建立充分覆盖风险、成本和收益的小额贷款利率自主浮动机制，合理确定客户经理的贷款权限。根据当地经济发展状况和自身管理能力，科学确定客户的小额贷款授信额度，对超过小额授信额度的大额贷款需求，必须按照有关规定采取保证、抵（质）押等贷款方式发放。切实加强贷款“三查”，贷前要认真考察借款人还款能力，深入分析评价贷款风险；贷中要严格执行农村小额贷款双签审批制，全面实行贷款上柜台，实现贷款管理与款项发放的分离；贷后要定期深入管辖村镇，及时了解和掌握借款人生产经营情况，严格监督贷款实际用途。要积极探索建立农村小额贷款风险的转移、分担和补偿机制，把发展农村小额贷款与农村小额保险业务结合起来，与当地担保体系建设情况结合起来。要把农村小额贷款主体真实性作为内部审计的重要内容，对挪用贷款、顶冒名贷款或不符合贷款条件的，要及时采取取消授信、停止放贷、限期收回和资产保全等措施，并严肃追究有关责任人的责任。

（三）加强农村小额贷款业务监管

各级监管部门要督促银行业金融机构建立健全农村小额贷款制度和办法，进一步加强对农村小额贷款业务的指导和检查，严肃查处违法违规经营行为。加强和改进农村小额贷款统计分析和风险预警，及时跟踪了解农村小额贷款业务进展情况。对农村小额贷款业务开展得好、效益持续提高的银行业金融机构，监管部门可对其在农村地区增设机构、开办新业务等方面给予积极支持。银监会将综合考虑农户和农村企业贷款面、农业贷款的存量与增量、贷款质量、当地农村信用水平、产品创新能力等因素，制定发布银行业金融机构支农服务评价指标体系和监管办法。各级监管部门要据此认真开展支农服务评价工作，引导辖内银行业金融机构逐步完善农村小额贷款制度，规范开展业务，进一步提高“三农”金融服务水平。

请各银监局将本指导意见转发至辖内各农村商业银行、农村合作银行、农村信用社、村镇银行、贷款公司、资金互助社。

二〇〇七年八月六日

中央财政新型农村金融机构定向费用补贴资金管理暂行办法

财政部关于印发《中央财政新型农村金融机构定向费用补贴资金管理暂行办法》的通知

财金〔2009〕31号

各省、自治区、直辖市、计划单列市财政厅（局），财政部驻各省、自治区、直辖市、计划单列市财政监察专员办事处：

现将《中央财政新型农村金融机构定向费用补贴资金管理暂行办法》印发给你们，请遵照执行。为及时办理审核拨付手续，请于6月10日前将2009年补贴资金申请材料报我部（金融司）。补贴资金审核以新型农村金融机构2008年末涉农贷款余额为依据。

中华人民共和国财政部

二〇〇九年四月二十二日

第一章 总 则

第一条 为了加强和规范新型农村金融机构定向费用补贴资金（以下简称补贴资金）管理，支持新型农村金融机构持续发展，促进农村金融服务体系建设，根据国家有关政策和规定，制定本办法。

第二条 本办法所称新型农村金融机构定向费用补贴，是指财政部对符合规定条件的新型农村金融机构，按上年贷款平均余额给予一定比例的财政补贴。

本办法所称新型农村金融机构（以下简称农村金融机构），是指经中国银行业监督管理委员会（以下简称银监会）批准设立的村镇银行、贷款公司、农村资金互助社三类农村金融机构。

本办法所称贷款平均余额，是指农村金融机构该年度每季度末贷款余额的算术平均值。具体统计口径以《中国人民银行金融统计制度》及相关通知规定为准。

第三条 农村金融机构定向费用补贴工作遵循政府扶持、商业运作、风险可控、管理到位的基本原则。

政府扶持，是指财政部建立定向费用补贴制度，促进农村金融机构加大支农力度，支持其持续发展。

商业运作，是指农村金融机构按商业经营规律，自主决策、自担风险、自负盈亏。

风险可控，是指农村金融机构在加大涉农贷款投放的同时，应当加强内部管理，改善经营指标，控制相关风险。

管理到位，是指财政部门规范补贴资金的预决算管理，严格审核，及时拨付，加强监督检查，保证资金安全和政策实施效果。

第二章 补贴条件和标准

第四条 财政部对上年贷款平均余额同比增长，且达到银监会监管指标要求的贷款公司和农村资金互助社，上年贷款平均余额同比增长、上年末存贷比高于50%且达到银监会监管指标要求的村镇银行，按其上年贷款平均余额的2%给予补贴。

第五条 补贴资金由中央财政承担。

第六条 补贴资金作为农村金融机构当年收入核算。

第三章 补贴资金预算管理

第七条 财政部根据全国农村金融机构当年贷款平均余额预测和规定的补贴标准，安排专项补贴资金，列入下一年度中央财政预算。

第八条 财政部每年向省级财政部门拨付补贴资金，各级财政部门应当按规定转拨，由县级财政部门向农村金融机构据实拨付。

第九条 各级财政部门应当根据国家关于财政资金管理的规定，做好补贴资金的决算。

省级财政部门应当于拨付补贴资金后，及时编制补贴资金决算，经财政部驻当地财政监察专员办事处（以下简称专员办）审核后，于财政部拨付补贴资金后3个月内报财政部。

第四章 补贴资金申请、审核和拨付

第十条 农村金融机构按年向县级财政部门申请补贴资金。

第十一条 农村金融机构按照国家财务会计制度和财政部规定的补贴比例，计算上年贷款平均余额和相应的补贴资金，向县级财政部门提出申请。

第十二条 补贴资金申请、审核和拨付，按以下程序办理：

（一）农村金融机构应当于每年2月20日前，向县级财政部门报送补贴资金申请书及相关材料。补贴资金申请书及相关材料应当反映上年贷款平均余额、同比增长情况、申请补贴资金金额、村镇银行上年末存贷比等数据，并对农村金融机构上年度监管指标情况以及是否达到银监会要求进行说明。不符合补贴条件的农村金融机构，应当向县级财政部门报送上年贷款情况表，包括上年贷款平均余额、同比增长情况。

（二）县级财政部门收到农村金融机构的补贴资金申请材料后，在10个工作日内出具审核意见。

（三）县级财政部门向省级财政部门报送补贴资金申请材料。申请材料包括农村金融机构的补贴资金申请书及相关材料、贷款发放和补贴资金情况表（表1）和县级财政部门审核意见等。

（四）省级财政部门对补贴资金申请材料进行审核汇总后，送专员办审核。

（五）专员办收到省级财政部门的补贴资金申请材料后，在10个工作日内出具审核意见并送省级财政部门。

（六）省级财政部门在4月30日之前向财政部报送补贴资金申请材料，包括本省和各县贷款发放和补贴资金情况表（表1及表2），并附专员办审核意见。

（七）财政部审核后，据实向省级财政部门拨付补贴资金。

（八）省级财政部门收到财政部拨付的补贴资金后，在10

个工作日内转拨资金。

(九）县级财政部门收到补贴资金后，在10个工作日内将补贴资金拨付给农村金融机构。

第五章　监督管理和法律责任

第十三条　农村金融机构应当认真如实统计和上报本机构贷款发放和余额情况。

第十四条　各级财政部门对辖区内农村金融机构的补贴申请工作进行指导，做好补贴审核拨付的组织和协调工作，并会同有关部门对补贴审核拨付工作进行检查，对检查中发现的问题及时处理和反映，保证财政补贴政策落到实处。

第十五条　专员办对辖区内农村金融机构贷款和各项监管指标完成情况认真审核，出具意见作为中央和省级财政部门审核拨付补贴资金的依据。

专员办应当加强对补贴资金拨付和使用的监督检查，规范审核拨付程序，保证补贴资金专项使用。

第十六条　财政部不定期对补贴资金进行监督检查，对补贴资金的使用情况和效果进行评价，作为调整政策的依据之一。

第十七条　农村金融机构虚报材料，骗取财政补贴资金的，财政部门应当追回补贴资金，取消农村金融机构获得补贴的资格，并根据《财政违法行为处罚处分条例》进行处罚。

第十八条　各级财政部门和专员办未认真履行审核职责，导致农村金融机构虚报材料骗取补贴资金，或者挪用补贴资金的，上级财政部门应当责令改正，追回已拨资金，并根据《财政违法行为处罚处分条例》对有关单位和责任人员进行处罚。

第六章 附 则

第十九条 各省、自治区、直辖市、计划单列市财政部门可根据当地情况制定补贴资金管理细则，报财政部备案。

第二十条 本办法自印发之日起施行。

重点家禽养殖、加工企业流动资金贷款财政贴息资金管理办法

财政部、银监会关于印发《重点家禽养殖、加工企业流动资金贷款财政贴息资金管理办法》的通知

财金〔2004〕30号

各省、自治区、直辖市、计划单列市财政厅（局），新疆生产建设兵团财务局，财政部驻各省、自治区、直辖市、计划单列市财政监察专员办事处，银监会各监管局，各国有独资商业银行、股份制商业银行：

根据《国务院办公厅关于扶持家禽业发展若干措施的通知》（国办发（2004）17号）有关规定的精神，国家财政对重点家禽养殖、加工企业流动资金贷款给予贴息。为规范家禽养殖、加工企业流动资金贷款财政贴息资金管理，提高财政贴息资金的使用效益，我们制定了《重点家禽养殖、加工企业流动资金贷款财政贴息资金管理办法》，现印发给你们，请遵照执行。

中国银行业监督管理委员会各监管局将本通知转发至辖区内各城市商业银行、农村商业银行和农村合作银行、城市信用合作社、农村信用合作社。

中华人民共和国财政部

中国银行业监督管理委员会

二〇〇四年四月八日

第一章　总　则

第一条　根据《国务院办公厅关于扶持家禽业发展若干措施的通知》（国办发〔2004〕17号）精神，为落实对重点家禽养殖、加工企业流动资金贷款支持政策，规范财政贴息资金管理，提高贴息资金使用效益，制定本办法。

第二条　本办法所称重点家禽养殖、加工企业是指在我国家禽养殖、加工行业中占重要地位，并在此次禽流感疫情中受到冲击的家禽养殖、加工龙头企业。具体企业名单由农业部会同财政部和中国银行业监督管理委员会确定并发布。

第三条　本办法所称重点家禽养殖、加工企业流动资金贷款财政贴息是指对因受禽流感疫情影响的重点家禽养殖、加工企业，银行已经发放但尚未到期的流动资金贷款给予一定期限和比例的财政贴息。

第四条　本办法所称经办银行是指与重点家禽养殖、加工企业发生流动资金贷款关系的国有商业银行、股份制商业银行、城市商业银行、农村商业银行和农村合作银行、城市信用合作社、农村信用合作社等金融机构。

第五条　对重点家禽养殖、加工企业，银行已经发放但尚未到期的流动资金贷款，国家财政按现行半年期流动资金贷款利率的一半据实贴息，期限最长不超过6个月。贴息所需资金由中央财政按东部地区20%、中部地区50%、西部地区80%的比例负担（对国家扶贫工作重点县提高10个百分点），其余贴息资金由省级财政承担。

第二章　流动资金贷款展期和贴息的审核

第六条　对重点家禽养殖、加工企业已经发放尚未到期的流动资金贷款，适当延长还款期限，具体期限由经办银行决定，并报当地人民银行中心支行和银行业监管机构备案。

第七条　重点家禽养殖、加工企业须凭农业部出具的相关文件，向经办银行办理流动资金贷款展期和贴息申请。

第八条　经办银行对重点家禽养殖、加工企业的流动资金贷款展期和贴息申请进行审核，对于银行已经发放但尚未到期的流动资金贷款，可给予展期和贴息。

第九条　经办银行应单独设置重点家禽养殖、加工企业流动资金贷款财政贴息业务台账，并接受有关部门检查。

第三章　贴息资金的审核与拨付

第十条　经办银行以重点家禽养殖、加工企业截至2004年1月31日的流动资金贷款余额为计息基数计算贴息金额。

在6个月的贴息期间内，重点家禽养殖、加工企业流动资金贷款利率执行中国人民银行现行半年期流动资金贷款利率5.04%的一半（即2.52%），其余部分由国家财政给予经办银行贴息。

第十一条　经办银行申请贴息资金，按如下程序办理：

（一）地市级经办银行于本办法施行之日起一个月内将贴息资金申请和明细表报送地市财政部门，并附家禽养殖、加工企业贴息申请、计收利息清单、贷款合同复印件、贷款发放凭单等。

贴息资金申请应包括截至2004年1月31日贷款余额、贷款发生笔数、申请贴息资金额等内容。明细表包括每笔贷款的项目名称、贷款金额、发放时间、期限、借款人名称和单位所在地等内容。

（二）地市财政部门收到地市级经办银行的贴息资金申请材料后即进行审核，在7个工作日内出具审核意见。

（三）地市级经办银行向财政部驻当地财政监察专员办事处（以下简称专员办）报送拨款申请材料。拨款申请材料包括贴息资金申请和明细表、家禽养殖、加工企业流动资金贷款计收利息清单、地市财政部门的审核意见等有关材料。

（四）农村商业银行、农村合作银行、城市信用合作社以法人为单位，农村信用合作社由县级联社报送有关材料。

（五）专员办收到拨款申请材料后，在7个工作日内出具审核意见并送省级财政部门。

（六）省级财政部门收到专员办审核意见后，将拨款申请材料汇总，报送财政部。

（七）中央财政承担的贴息资金，由财政部对省级财政部门报送的拨款申请材料审核后，安排专项贴息资金，向各省级财政部门拨付。省级财政部门收到中央财政拨付的贴息资金后，在14个工作日内连同应由省级财政部门承担的贴息资金，一并向经办银行据实拨付。

第十二条 省级财政部门应在贴息资金拨付完成后，对本地区家禽养殖、加工企业流动资金贷款贴息资金的审核拨付情况，包括重点家禽养殖、加工企业流动资金项目贷款余额、发放笔数、应贴息金额和实际贴息金额等内容、以及存在的问题进行认真分析，以书面形式报财政部。

第十三条 各级财政部门要根据国家的有关规定，做好贴息资金的决算工作。

第四章 监督管理和责任

第十四条 经办银行应认真履行以下职责：

（一）对贷款项目是否属于重点家禽养殖、加工企业流动资金贷款项目进行审核。

（二）对重点家禽养殖、加工企业流动资金贷款项目贷款的使用方向进行监督，确保贷款用于重点家禽养殖、加工企业项目。

（三）根据有关规定需要履行的其他职责。

第十五条 各级财政部门应对辖区内重点家禽养殖、加工企业流动资金贷款项目贴息的审核工作进行指导，与有关部门配合做好贴息审核的组织和协调工作，并会同有关部门对贴息的审核工作进行检查，对检查中发现的问题及时处理和反映，确保贴息政策落到实处。

第十六条 专员办应加强对贴息资金拨付和使用的审核、监督、规范审核监督程序，加强监督检查，确保贴息资金专项使用。

第十七条 借款人提供虚假证明材料，经办银行等有关机构未能认真履行审核职责，导致借款人骗取财政贴息资金的，由经办银行等机构按各自的职责承担责任，并共同负责追回贴息资金，登记借款人或单位的不良信用记录。

第十八条 对经办银行虚报材料，骗取财政贴息资金的，财政部门应追回贴息资金，同时按国家有关规定进行处罚，并通过媒体予以曝光。

第十九条 各级财政部门未认真履行职责，或虚报材料、骗取挪用财政贴息资金的，财政部将采取责令纠正、追回已贴资金、媒体曝光等措施，并按国家有关规定进行处罚。

第五章 附 则

第二十条 各省、自治区、直辖市、计划单列市财政部门可会同专员办根据本地实际情况制定贴息资金的具体操作程序。

第二十一条 本办法自发布之日起施行。

中国人民银行关于改善农村金融服务支持春耕备耕增加“三农”信贷投入的通知

银发〔2008〕1号

中国人民银行上海总部，各分行、营业管理部，省会（首府）城市中心支行、深圳市中心支行：

为进一步贯彻落实中央经济工作会议和中央农村工作会议精神，在执行从紧货币政策的同时，加强信贷结构调整，促进增加“三农”信贷投入，改善农村金融服务，支持春耕备耕，现就有关事项通知如下：

一、积极引导各金融机构优化信贷结构，扩大支农信贷投放。在落实从紧货币政策的过程中，人民银行各分支行应按照“有保有压、区别对待”的原则，加强对辖内金融机构的贷款规划指导。同时，注重引导农村金融机构按照当地农业生产的季节性特点，积极增加支农信贷投放。人民银行各分支行要做好对涉农信贷投放的指导和监测工作，引导辖内金融机构合理优化信贷结构，适当控制非农贷款，优先保证“三农”信贷需求，切实加大对“三农”的信贷资金投入。

二、合理安排发放支农再贷款，提高支农再贷款使用效率。为充分发挥支农再贷款的引导作用，总行将对中西部地区和粮食及大宗农产品主产区调增支农再贷款额度100亿元，支持其加大支农信贷投放。人民银行各分支行要根据辖内实际情况，加大支农再贷款额度调剂力度，将支农再贷款集中用于春耕生产资金不足的地区。要进一步完善支农再贷款的投向监督和使用效果考核，切实发挥其杠杆作用，引导农村信用社扩大支农信贷投放。要根据当地农业生产周期，合理确定支农再贷款的期限、额度和发放时机。

三、强化存款准备金政策的正向激励作用，继续对农村信用社执行相对较低的存款准备金率。为引导加大“三农”信贷投入，对涉农贷款比例较高的农村合作银行、农村信用社，继续执行比一般商业银行低的存款准备金率。

四、部分农村信用社可提前支取特种存款，增加春耕旺季信贷资金来源。对已办理特种存款，同时涉农贷款比例较高、支持春耕资金不足的农村信用社，可根据其增加支农信贷投放的合理资金需求，提前支取特种存款，并按其实际持有期限对应的特种存款利率标准计付利息。人民银行各分支行要及时向总行报备有关情况。

五、指导农村信用社建立科学的贷款利率定价机制，运用利率杠杆增强农村信用社发放“三农”贷款的内在动力。人民银行各分支行要按照有关规定加强对辖内农村信用社风险定价能力的技术培训，指导农村信用社建立健全贷款定价机制，正确运用利率覆盖贷款风险，引导农村信用社灵活运用贷款利率浮动政策、按照市场化定价原则合理确定利率水平，提高对“三农”贷款的积极性。

六、对涉农的商业汇票优先办理贴现和再贴现，引导信贷资金支持“三农”发展。充分发挥再贴现工具的结构调整作用，对农业生产资料生产经营企业签发、持有的票据和农副产品收购、储运、加工、销售环节的票据，各金融机构应优先给予贴现，人民银行各分支行要优先办理再贴现，支持金融机构加大对“三农”和涉农行业、企业的资金投入。

七、引导邮政储蓄资金回流农村，扩大“三农”信贷资金来源。按照商业化原则，引导邮政储蓄银行与农村金融机构以办理大额存款协议的方式将邮政储蓄资金返还农村使用。对邮政储蓄返还的资金，农村金融机构应集中用于支农信贷投放。充分利用邮政储蓄银行点多面广的优势，建立符合“三农”需求特点的零售业务经营体系，发挥好在农村地区的储蓄、汇兑和支付服务功能，积极扩大涉农信贷业务。

八、加强农村金融基础服务设施建设，提供安全、便捷、高效的农村金融服务。进一步将信贷登记系统和个人信用信息基础数据库运行范围扩大到全国农村地区，通过准确识别贷款人身份，保存贷款人与农村金融机构的信贷记录，帮助农村金融机构准确判断信贷风险，提高信贷资金投放效率，为农村企业和农户贷款业务提供信用支持，缓解农村企业和农户贷款难问题。为农村信用社加入人民银行的大额支付系统、小额支付系统和支票影像交换系统积极创造条件，尽快解决农村信用社资金汇划、汇兑困难的问题。对涉农贷款投放比例较高的农村信用社，支持其优先进入银行间同业拆借市场，扩大支农信贷资金来源。

九、督促农村信用社继续深化改革，使其真正成为服务于“三农”的社区性金融机构。要在巩固前期改革成果的基础上，督促农村信用社进一步深化改革，在明晰产权关系、完善法人治理结构、全面加强经营管理方面取得实质性进展，不断增强服务“三农”的功能。要坚持市场主导，稳妥推进辖内农村信用社产权制度及其管理体制改革，充分尊重农村信用社股东和法人的自主选择权，防止通过行政手段推动农村信用社兼并重组，保持农村信用社县（市）法人地位的长期稳定。

目前，正值春耕生产和“三农”资金需求旺季，人民银行各分支行要引导辖内金融机构紧紧围绕社会主义新农村建设，深入推进农村金融生态环境建设，积极拓宽农村金融服务领域，创新农村金融服务方式，全面提高农村金融服务水平和效率；同时，督促其加强流动性管理，坚持稳健经营，切实防范信贷风险。各金融机构要在控制贷款总量的前提下，通过调整信贷结构，控制非农贷款，确保使农业和农户贷款明显增加，涉农信贷投放比例明显提高，农村金融服务力度明显加大。

人民银行各分支行要将本通知速转发至农村信用社省级管理机构。

中国人民银行

2008 年 1 月 3 日

农村信用合作社管理暂行规定实施细则

（1991年7月29日中国农业银行发布）

第一章　总　则

第一条　为了便于中国农业银行行使领导、管理农村信用合作社（以下简称信用社）的职能，促进信用社稳定、健康发展，根据中国人民银行颁布的《农村信用合作社管理暂行规定》（以下简称《规定》），特制定本实施细则。

第二条　信用社坚持组织上的群众性、管理上的民主性、经营上的灵活性（简称“三性”）。实行入股自愿原则，农户、城镇居民、个体劳动者和集体经济组织均可入股。信用社的个人股、团体股，每股金额大小由中国农业银行省级分行确定。

第三条　中国农业银行对信用社的领导和管理，贯彻“分类指导、区别对待”的原则。对不同地区、不同类型的信用社，采取区别对待的政策和措施。具体的分类办法，由中国农业银行省级分行确定。

第二章　机构管理

第四条　信用社的建立和撤销由信用合作社县（市）联社（以下简称县联社）提出申请，中国农业银行县（市）支行审查认可，经中国人民银行县（市）支行和地（市）分行审核，报中国人民银行省、自治区、直辖市、计划单列市分行批准，并发给或注销经营金融业务许可证。按照《中华人民共和国企业法人登记管理条例》的规定，信用社到工商行政管理部门办理登记或撤销手续，领取或注销《企业法人营业执照》。

第五条　信用社根据农村经济发展的需要及自身的能力，按照方便群众、经济合理、便于管理、保证安全的原则，因地制宜地设置分支机构和代办机构。分支机构的形式有信用分社、储蓄所或服务点；代办机构为信用站。分支机构的建立和撤并，由信用社提出申请，县联社签注意见，经中国农业银行县支行审核，报中国人民银行县支行批准，并发给或注销经营金融业务许可证，据此到工商行政管理部门领取或注销营业执照。信用站的建立和撤并，由信用社提出申请，报县联社或中国农业银行县支行批准，并报中国人民银行县支行备案。

第六条　信用社在自愿的原则下建立县联社，县联社的主要任务是：管理、指导和协调全县信用合作工作，为基层信用社服务。

县联社的建立和撤销，由中国农业银行县支行提出申请，中国农业银行地（市）中心支行签注意见，经中国农业银行省级分行审核后，报中国人民银行省级分行批准。县联社经营金融业务的，要按规定办理经营金融业务许可证，并取得企业法人营业执照。

第三章　业务管理

第七条　信用社办理存款业务，必须遵守《规定》第十三条的原则。除办理好农户活期、定期储蓄和企事业存款外，要根据当地农村经济发展的需要和农民生产、生活的要求，积极开办群众容易接受且行之有效的储蓄种类。

第八条　信用社发放贷款，必须遵守《规定》第十四条的原则。在贷款管理上，要健全完善贷款合同制度、贷款“三查”制度、贷款集体审批制度、贷款担保、抵押制度、贷款经济责任制度、贷款监测考核制度、贷款档案管理制度；在贷款的投向和投量上，实行“贷款使用序列”管理。按种养业、其他农业、社员生活、乡镇企业、个体工商业、农村其他工商业等列出序列，按照国家和区域产业政策的要求，优先支持农业生产所需资金，支持农村经济持续、稳定、协调发展。贫困地区的信用社贷款，主要用于支持农业生产和农户生活。信用社与信用社、信用社与国家专业银行及其他金融机构之间可以联合发放社团贷款和银团贷款。

第九条　信用社按照《规定》第十五条办理结算。县联社在自办信用社县辖往来结算的基础上，跨县的结算，可以与中国人民银行、中国农业银行商定，参加其联行。相邻或相近的县联社，根据需要，也可试办区域性的信用社往来结算业务。

第四章 资金管理

第十条 信用社要编制年度信贷收支计划，由县联社汇总后，报中国农业银行县支行。经中国农业银行自下而上逐级汇总后，由中国农业银行总行报中国人民银行总行。中国农业银行总行根据中国人民银行总行下达的全国信用社信贷计划，一般应逐级下达到中国农业银行地、市级中心支行。是否下达到县支行，由农业银行各分行掌握。各地信用社按照规定的资产负债比例，组织发放贷款。

第十一条 农村信用社缴存中国农业银行的存款准备金比例，视不同地区、不同类型的农村信用社而有所差别。具体比例，由人民银行总行商农业银行总行确定。

第十二条 信用社的资产负债实行比例管理。其比例考核的单位是独立核算的信用社。允许各地在执行中适当灵活掌握，其幅度由农业银行省级分行提出，人民银行省级分行核准。具体比例和计算如下：

一、信用社发放的各项贷款总额，年底考核不得超过其各项存款加自有流动资金及视同自有资金总额的75%。上述各项贷款总额指各项贷款余额，但不包括信用社用银行支持款发放的贷款余额；自有流动资金包括股金、公积金、信贷基金和专用基金等；视同自有资金包括应付未付利息、应付未付股金红利、暂收款减暂付款的差额等。计算公式是：

（各项贷款余额−银行支持款余额）÷（各项存款余额+自有流动资金余额+视同自有资金余额）×100%

二、信用社股金加各项基金之和占其贷款总额的比例，在《规定》要求10%的基础上，由中国农业银行省级分行和中国人民银行省级分行，结合本辖区情况，确定上下浮动幅度。计算公式是：

（股金余额+公积金余额+信贷基金余额+专用基金余额+固定财产基金余额）÷各项贷款余额×100%

三、信用社发放的固定资产贷款余额占其各项贷款余额的比例，在《规定》要求20%的基础上，由中国农业银行省级分行和中国人民银行省级分行，结合本辖区情况确定上下浮动幅度。

四、信用社发放一笔贷款的最大额度不得超过其

自有资金的50%。自有资金包括股金、公积金、信贷基金、专项基金、固定财产基金。

五、信用社的固定资产总额占其自有资金的比例，在《规定》要求30%的基础上，由中国农业银行

省级分行和中国人民银行省级分行，结合本辖区情况，确定上下浮动幅度。固定资产总额是指固定资产原值减固定资产折旧后的数额或固定资产重置价值；自有资金包括股金、公积金、信贷基金、专用基金、固定资产基金。

第五章 利率管理

第十三条 信用社的存贷款利率，在中国人民银行规定利

率的基础上，实行浮动。根据国家制定的产业政策和保本微利的原则，信用社对不同贷款对象的贷款利率，实行不同的浮动幅度。信用社贷款浮动的具体办法是：中国人民银行总行规定信用社贷款利率浮动的最高限。中国农业银行总行在规定的贷款利率浮动最高限内，制定不同产业、不同贷款对象的差别浮动幅度。原则上种养业贷款利率按照保本的原则不浮或少浮；其他农业贷款利率适当少浮；乡镇企业、其他工商企业、个体经济户贷款适当浮动高些。根据人、农两总行规定的幅度和原则，中国农业银行省级分行制定信用社不同产业、不同贷款对象的具体浮动幅度。信用社结合本地情况，在规定允许的浮动范围内浮动，也可以不浮动。未经批准一律不准超过规定的浮动幅度。

第十四条 信用社存人民银行特种存款利率，由中国人民银行总行按保本微利原则确定；信用社业务备付金利率和一般转存款利率，由中国农业银行总行按不低于一年期定期存款利率确定。

第六章 劳动管理

第十五条 信用社职工按照“面向社会、公开考试、择优录取”的原则招收，并逐步实行招工改招生的制度。1983 年以后（含 1983 年）到信用社工作的职工，一律按合同制职工办法管理，具体管理办法由中国农业银行总行会同国家劳动部制定。

第十六条 信用社职工的培训教育坚持“三为主”的方

针，即短期培训为主、农业银行县支行、县联社培训为主和业余培训教育为主。重点抓好“应知应会”和岗位职务短期培训，同时，适当发展中专教育，有计划地试办大专教育。

第十七条 信用社贯彻按劳分配原则，逐步建立适合集体金融组织的工资制度，职工的工资总额与信用社的经济效益挂钩。具体办法由中国农业银行总行会同有关部门制定。

第七章 财务管理

第十八条 信用社按照经济核算的要求，编制年度财务收支计划，经民主管理组织讨论通过后，报县联社备案。

第十九条 信用社要按照“权责发生制”的要求，全面、真实、准确地核算和反映其业务经营和财务收支状况。

第二十条 信用社要坚持勤俭办社的方针。加强成本管理，开展增收节支，防止铺张浪费；要清理固定资产家底，加强固定资产管理，建立固定资产购、建审批制度。具体审批权限由中国农业银行省级分行确定。

第二十一条 信用社按照国家税务局有关规定，在税前提取呆帐准备金，用于核销和处理贷款呆帐。并根据贷款呆帐形成的原因，采用“内销外挂”和“实销形不销”两种方法进行核销和处理。

第二十二条 信用社要依法纳税。亏损社和纳税有困难的信用社，要如实向税务部门申请税收减免。

第二十三条 信用社的税后利润按兼顾集体、社员、职工三者利益和不断增强信用社自我发展能力的原则分配。其公积金及信贷基金不得低于50%；股金分红一般不超过股金额的20%，其他分配比例由信用社民主管理组织决定，报县联社备案。

第二十四条 信用社按规定从税后利润中提取和上交信用合作发展基金。信用合作发展基金主要用于信用社职工的培训教育事业。

第二十五条 信用社发生亏损，属于经营性的，责任自负；属于政策性的，由中国人民银行和中国农业银行负责反映和处理。

第八章 民主管理

第二十六条 信用社（县联社）要制定本社章程，实行民主管理。其权力机构是社员（县联社的社员是信用社）代表大会或社员大会，其执行机构是管理委员会。

第二十七条 社员代表大会或社员大会一般每年召开一次会议，按《规定》第三十三条行使职权。

第二十八条 信用社的管理委员会要体现群众性，并要有一定的代表性。一般由农民社员、乡村干部、乡镇企业厂长（经理）、信用社职工等方面的代表参加。信用社（县联社）的管理委员会一般由5-9人组成，较大信用社（县联社）的管理委员会可以由9-11人组成，较小信用社（县联社）的管理委员会可以由3-5人组成。管理委员会要推选正副主任委员。管理委员会一般每季召开一次，按照《规定》

第三十四条行使职权。

第二十九条 信用社（县联社）主任由信用社（县联社）管理委员会选举或招聘。选举或招聘的信用社主任，经中国农业银行县支行审查，由县联社批准；县联社主任，经中国人民银行地（市）分行审查，由中国农业银行地（市）中心支行批准。

第九章 行政管理

第三十条 中国农业银行根据国家有关金融法规、政策和《规定》及本实施细则，制定信用社劳动工资、信贷、财会、稽核等制度办法，在尊重信用社独立法人地位和维护信用社经营自主权的前提下，依法对信用社进行领导、管理、监督和稽核。

第三十一条 中国农业银行地（市）中心支行以上各级行，设立信用合作管理部门，信用合作管理部门在各级行长的领导下，具体负责管理信用合作工作。

第三十二条 中国农业银行县支行在以下几个方面对信用社实行政策领导和业务指导：检查信用社正确贯彻执行农村金融的工作方针、政策；督促信用社服从国家宏观控制，依法进行业务经营；指导信用社科学、合理地安排贷款投向和投量；帮助信用社做好安全保卫和监察工作；做好县联社、信用社的干部考察和思想政治工作；对信用社的机构、职工、信贷、财务、稽核、监察等重大事宜提出意见。

第三十三条 县联社在中国农业银行县（市）支行的领导

下，具体负责对信用社的日常管理工作。县联社的主要职责是：检查信用社贯彻国家金融方针、政策情况；综合并考核信用社的信贷、财务收支计划；稽核、辅导信用社的业务、财务和帐务；帮助信用社调剂资金余缺，组织信用社发放联合贷款；管理信用合作发展基金，统筹解决职工退职退休经费，办理信用社共同的集体福利事业；管理和培训信用社职工；监察、处理信用社案件；协助信用社搞好安全保卫工作；组织交流工作经验和信息；办理县辖内信用社之间的汇兑结算；维护信用社的合法权益，督促信用社依法经营；协调信用社之间及信用社与其他方面的关系；根据农村经济发展需要和信用社的要求，在搞好管理和服务的基础上，按规定报经中国人民银行批准，可办理金融业务。

第十章　附　则

第三十四条　中国农业银行省级分行可根据《规定》和本实施细则，提出具体贯彻实施意见，报中国农业银行总行备案。

第三十五条　违反《规定》和本实施细则的，应根据情节轻重给予必要的制裁：

一、侵占、平调、挪用信用社人、财、物的，除对直接责任人员追究行政责任外，要退赔信用社的经济损失；

二、侵犯信用社经营自主权，强令信用社发放贷款，限制信用社收回到逾期贷款，造成经济损失的，要追究直接人员的经济和刑事责任。

三、信用社职工及代办人员，有玩忽职守、以贷谋私、行贿受贿、贪污盗窃等行为的，应根据情节轻重，追究其行政、经济和刑事责任。

第三十六条 本实施细则由中国农业银行颁布并负责解释。

第三十七条 本实施细则自公布之日起实行。

附 录

农村信用社省（自治区、直辖市）联合社管理暂行规定

中国银行业监督管理委员会关于印发《农村信用社省（自治区、直辖市）联合社管理暂行规定》的通知

银监发〔2003〕14号

各省、自治区、直辖市银监局（筹），大连、宁波、厦门、青岛、深圳市银监局（筹）：

现将《农村信用社省（自治区、直辖市）联合社管理暂行规定》印发给你们，请认真贯彻执行。执行中遇到问题，请及时报告银监会。

中国银行业监督管理委员会

二〇〇三年九月十八日

第一章 总 则

第一条 为加强对农村信用社省（自治区、直辖市）联合

社（以下简称省联社）的管理，规范省联社行为，根据《中华人民共和国商业银行法》、《中华人民共和国公司法》及其他有关法律法规和国务院《深化农村信用社改革试点方案》，制订本规定。

第二条 省联社是由所在省（自治区、直辖市）内的农村信用合作社市（地）联合社、县（市、区）联合社、县（市、区）农村信用合作联社、农村合作银行自愿入股组成，实行民主管理，主要履行行业自律管理和服务职能，具有独立企业法人资格的地方性金融机构。

农村商业银行在自愿的前提下可向省联社入股，并取得有关服务。

第三条 省联社享有由社员社投资入股形成的法人财产权，依法享有民事权利，承担民事责任。其合法财产及依法开展业务受国家法律保护，任何单位及个人不得侵犯和非法干涉。

社员社以其所持股份为限对省联社承担责任；省联社以其全部资产对其债务承担责任。

第四条 经省（自治区、直辖市）政府授权，省联社承担对辖内农村信用社（含农村合作银行，下同）的管理、指导、协调和服务职能。

第五条 省联社贯彻执行国家的金融方针政策，依法自主经营，自负盈亏，自担风险，自我约束，其业务活动以为社员社提供服务，促进社员社的发展为宗旨。省联社不对公众办理存贷款金融业务。

第六条 省联社依法接受中国银行业监管理委员会及其他

有关部门的监督管理。

第二章 机构的设立、变更和终止

第七条 省联社以所在省（自治区、直辖市）名称命名为“××省（自治区、市）农村信用社联合社”。

第八条 设立省联社，应当具备下列条件：

（一）有符合本规定的章程；

（二）注册资本金不低于五百万元人民币；

（三）有符合任职资格条件的高级管理人员和符合要求的从业人员；

（四）具有健全的组织机构和管理制度；

（五）中国银行业监督管理委员会规定的其他条件。

第九条 省联社以发起方式设立，发起人认购省联社发行的全部股份。

第十条 设立省联社，申请人应当向中国银行业监督管理委员会省（自治区、直辖市）监管局提出申请，经审核同意后报中国银行业监督管理委员会批准。

第十一条 筹建省联社，应当提交下列文件、资料：

（一）申请书，申请书应当载明拟设立省联社的名称、注册资本金、业务范围、发起人、出资额和出资比例等；

（二）筹建方案；

（三）筹建领导小组成员名单及简历；

（四）发起人协议书；

（五）省（自治区、直辖市）政府同意组建省联社的意见；

（六）发起人权力机构同意出资入股的决议；

（七）中国银行业监督管理委员会规定提交的其他文件、资料。

第十二条 省联社筹建工作结束后提出开业申请，并提交下列文件、资料：

（一）开业申请书；

（二）筹建工作报告；

（三）章程草案；

（四）拟任职高级管理人员的资格证明；

（五）法定验资机构出具的验资证明及进账单复印件，发起人名单及其出资额、出资比例；（六）理事会成员简历和资格证明；

（七）从业人员和内设机构基本情况；

（八）创立大会和理事会通过的相关决议；

（九）基本管理制度；

（十）中国银行业监督管理委员会规定提交的其他文件、资料。

第十三条 经批准开业的省联社，由中国银行业监督管理委员会省（自治区、直辖市）监管局颁发金融许可证，并凭金融许可证向工商行政管理部门办理登记，领取营业执照。

第十四条 经中国银行业监督管理委员会省（自治区、直辖市）监管局审批，省联社可在辖内设立办事处。办事处是省联社的派出机构，不具有法人资格，不颁发金融许可证，在省联社授权范围内依法履行有关职责，其民事责任由省联社承担。

第十五条 省联社有下列变更事项之一的，应经中国银行业监督管理委员会批准：

（一）变更名称；

（二）修改章程；

（三）变更注册资本金；

（四）变更高级管理人员；

（五）调整业务范围；

（六）中国银行业监督管理委员会规定的其他变更事项。

第十六条 省联社解散、被接管、被撤销和被宣告破产，适用《中华人民共和国公司法》、《中华人民共和国商业银行法》和《金融机构撤销条例》及有关法律法规的规定。

第三章 股权设置

第十七条 农村信用合作社市（地）联合社、县（市、区）联合社、县（市、区）农村信用合作联社、农村合作银行和农村商业银行可向省联社入股，省联社不吸收其他法人和自然人入股。

第十八条 省联社每股股金十万元人民币。单个社员社出资比例不得超过省联社股本总额的百分之十，社员社入股金额不得超过其实收资本的百分之三十。

第十九条 社员社必须以货币资金入股，股金必须一次募足。

第二十条 省联社印发记名股权证书，以人民币标明面值，作为社员社所有权凭证和分红依据。

第二十一条 省联社股权证书依法可以承继和转让。股份过户手续在年终决算之后、社员大会之前办理。

第四章　组织结构

第二十二条　社员大会是省联社权力机构，由社员社代表组成。每个社员社的代表数量相同。社员社代表每届任期三年，可连选连任。

社员大会行使下列职权：

（一）制定和修改省联社章程；

（二）审议批准农村信用社行业自律管理制度办法；

（三）审议批准理事会的工作报告；

（四）审议批准省联社发展方针和工作计划；

（五）选举（更换）理事，决定有关理事的报酬；

（六）审议批准省联社年度财务预算方案、决算方案、利润分配方案和亏损弥补方案；

（七）对省联社增加或减少注册资本金作出决议；

（八）对省联社合并、分立、解散和清算等事项作出决议；

（九）聘任或解聘为省联社审计的会计师事务所；

（十）听取理事会关于监管部门提出的监管意见和整改落实情况的报告；

（十一）听取理事会履行职责情况的报告；

（十二）省联社章程规定的其他职权。

第二十三条　社员大会每年召开一次。必要时可召开临时社员大会。

社员大会由理事会负责召集，由理事长主持。理事会应当将会议审议的事项于会议召开十日以前书面通知各社员社。临时社员大会不得对通知中未列明的事项作出决议。

社员大会必须由二分之一以上的社员社代表出席时方可召开，社员大会实行社员社代表一人一票的表决制度。社员大会作出决议，必须经出席会议的社员社代表半数以上通过；修改章程、合并、分立及解散等重大事项必须经出席会议的社员社代表三分之二以上通过。

第二十四条 理事候选人名单应以提案方式提请社员大会决议。选举理事采取无记名差额投票方式，候选人人数须多于应选人数百分之二十。

第二十五条 省联社设理事会。理事会是社员大会的执行和监督机构，由九至十五名理事（奇数）组成。每个社员社担任理事的人数不得超过一人，省联社职工中担任理事的人数不得超过理事人数的百分之二十。理事每届任期三年，可连选连任。

理事会对社员大会负责，行使下列职权：

（一）召集社员大会，并向社员大会报告工作；

（二）执行社员大会决议；

（三）制订省联社的发展方针和工作计划；

（四）制订省联社年度财务预算方案、决算方案、利润分配方案和弥补亏损方案；

（五）制订省联社变更注册资本的方案；

（六）决定省联社内部机构及派出机构的设置；

（七）制定省联社的内部管理制度；

（八）聘任或解聘省联社主任，根据主任提名，聘任或解聘副主任、财务和审计（稽核）负责人，并决定其报酬；

（九）对高级管理层履行职责情况进行监督；

（十）提出聘请会计师事务所方案；

（十一）拟订省联社分立、合并、解散的方案；

（十二）听取省联社主任工作汇报并予以评价；

（十三）省联社章程规定和社员大会授予的其他职权。

第二十六条 理事会设理事长一名，副理事长一名。理事长为省联社法定代表人。理事长、副理事长由全体理事三分之二以上选举产生。

理事会会议每年至少召开四次，由理事长召集和主持。经理事长、三分之一以上理事和主任提议，可召开临时理事会会议。每次会议应当于会议召开十日前书面通知全体理事。

理事会会议应由二分之一以上的理事出席方可举行。理事会实行一人一票的表决制度。理事会作出决议，必须经全体理事的过半数通过。重大事项须经全体理事三分之二以上通过。

第二十七条 理事长行使下列职权：

（一）主持社员大会，主持、召集理事会会议；

（二）检查理事会决议的实施情况，并向理事会报告；

（三）签署省联社股权证书和签发理事会决议；

（四）省联社章程规定的其他职权。

第二十八条 省联社高级管理层由主任和副主任组成。省联社设主任一名，副主任二至四名。主任、副主任的聘任由全体理事三分之二以上通过。主任、副主任任期三年，期满后可以连任。主任不得由理事长兼任。

主任对理事会负责，行使下列职权：

（一）组织实施理事会决议，并向理事会报告工作；

（二）组织实施省联社的年度工作计划；

（三）拟订省联社内部机构和派出机构设置方案；

（四）拟订省联社基本管理制度；

（五）提请理事会聘任或解聘副主任、财务和审计（稽核）负责人；

（六）聘任或解聘除应由理事会聘任或解聘的省联社工作人员；

（七）省联社章程规定和理事会授予的其他职权。

主任列席理事会会议。

第二十九条 省联社理事除符合《中华人民共和国公司法》第五十七条至第六十一条规定外，还应具备下列条件：

（一）无违法、严重违规行为记录；

（二）具有大专及以上学历；

（三）从事经济、金融管理工作五年以上；

（四）熟悉银行经营管理的相关法律法规。

第三十条 省联社召开社员大会、理事会会议应提前五个工作日通知银行业监管机构，银行业监管机构有权派人列席会议。省联社社员大会、理事会作出的决议应在十日内报送银行业监管机构备案。

第三十一条 省联社的理事长、副理事长、主任和副主任的任职资格管理适用金融机构高级管理人员任职资格管理的有关规定。其学历和经济金融工作年限的具体条件为：具备本科及以上学历、金融工作年限八年以上或从事经济工作十二年以上（其中金融工作五年以上）。第三十二条省联社的高级管理人员拟任人选未经中国银行业监督管理委员会核准任职资格，不得到任履行职责。

第三十三条　省联社高级管理人员不得在党政机关任职，不得从事除本职工作以外的任何以盈利为目的的经营活动。

第五章　基本职能

第三十四条　省联社履行下列职能：

（一）督促农村信用社贯彻执行国家金融方针政策，落实支农工作；

（二）制定行业自律管理制度并督促执行；

（三）指导农村信用社健全法人治理结构，完善内控制度；

（四）对农村信用社业务经营、财务活动、劳动用工和社会保障及内部管理等工作进行辅导和审计；

（五）督促农村信用社依法选举理事和监事，选举、聘用高级管理人员；

（六）指导防范和处置农村信用社的金融风险；

（七）指导、协调电子化建设；

（八）指导员工培训教育；

（九）协调有关方面关系，维护农村信用社的合法权益；

（十）组织农村信用社之间的资金调剂；

（十一）参加资金市场，为农村信用社融通资金；

（十二）办理或代理农村信用社的资金清算和结算业务；

（十三）提供信息咨询服务；

（十四）省联社章程规定的其他职能。

第三十五条　省联社应建立行业审计制度，配备专职审计人员，定期对农村信用社进行审计，审计结果应报送银行业监督机构。

第三十六条 省联社按照法律、法规和规章的规定及时向中国银行业监督管理委员会报送省联社及社员社汇总会计报表、统计报表及其他资料，省联社对所报报表、资料的真实性、准确性、完整性负责。

第三十七条 省联社应当尊重农村信用社的法人地位和经营管理自主权，维护农村信用社的合法权益，不得无偿调动农村信用社的资金。

第六章 附 则

第三十八条 省联社违反国家法律、法规和规章，将按照《中华人民共和国商业银行法》和《金融违法行为处罚办法》等有关规定处罚。省联社对中国银行业监督管理委员会的行政处罚决定不服的，可以依法提请行政复议或者向人民法院提起行政诉讼。

第三十九条 本规定未尽事宜依照国家有关政策、法律、法规、规章及中国银行业监督管理委员会的有关规定办理。

第四十条 本规定由中国银行业监督管理委员会负责解释。

第四十一条 本规定自颁布之日起实施。

农村信用社小企业信用贷款和联保贷款指引

关于印发《农村信用社小企业信用贷款和联保贷款指引》的通知

银监发〔2006〕8号

各银监局（西藏除外）：

现将《农村信用社小企业信用贷款和联保贷款指引》（以下简称《指引》）印发给你们，并就有关事项通知如下：

一、小企业信用贷款和联保贷款必须坚持市场化原则和商业化运作模式，并遵循“先试点后逐步推广”的办法推行。目前，该业务暂在小企业相对发达、社会信用状况较好、农村信用社（含农村商业银行、农村合作银行，下同）信贷管理水平较高、农户种养业信贷需求基本得到满足的地区试办。试点单位由各省级联社确定后，报当地银监局备案。试点单位的确定必须充分尊重法人意愿，任何单位和个人不得强令农村信用社办理该项业务。

二、各省级联社应督促试点单位及时总结经验，并对照《银行开展小企业贷款业务指导意见》（银监发〔2005〕54号）的有关要求，结合小企业信用贷款和联保贷款业务的开展，逐步建立科学的小企业贷款激励和约束机制，不断探索和创新对小企业的金融服务方式。

三、开展小企业信用贷款和联保贷款试点的银监局要督促省级联社做好小企业贷款的统计和信息汇总工作，并深入了解农村信用社试办小企业信用贷款和联保贷款工作中存在的问题，及时报告银监会。

四、为便于统计各类贷款中的小企业贷款，开展小企业贷款业务的农村信用社应在有关贷款一级科目下设立三个二级科目对小企业贷款进行核算：

××小企业信用贷款：符合本指引标准发放的小企业信用贷款；

××小企业联保贷款：符合本指引标准发放的小企业联保贷款；

××其他小企业贷款：不能列入前两个科目但符合《银行开展小企业贷款业务指导意见》标准发放的小企业贷款。

请各银监局及时将本通知转发至辖内农村信用社。

中国银行业监督管理委员会

二〇〇六年一月二十日

第一章　总　则

第一条　为有效解决农村信用社服务区域内涉农小企业贷款难问题，促进农村经济金融事业和谐健康发展，完善农村信用社信贷结构，进一步规范对小企业信贷业务的管理，加强对小企业贷款业务的风险控制，依据《中华人民共和国商业银行法》、《中华人民共和国银行业监督管理法》和《贷款通则》等法律法规，结合涉农小企业融资实际情况，制订本指引。

第二条　本指引所称小企业是指经工商行政管理机关核准登记、应税年销售收入低于 1000 万元的企业法人和其他经济组织。

第三条　本指引所称贷款人指农村信用合作社和县（市、区）农村信用合作社联合社、县（市、区）农村信用合作联社、农村合作银行、农村商业银行。

借款人指向贷款人提出贷款申请的小企业。

第四条　本指引所指信用贷款是指基于小企业信誉发放的贷款。

第五条　本指引所指联保贷款包括一般联保贷款和特殊联保贷款。

一般联保贷款是指由多个小企业组成联保组并签订协议，在借款人不能按约偿还贷款时由联保组成员承担连带责任的贷款。

特殊联保贷款是指由多个小企业共同出资设立风险基金、设定还款责任和损失风险补偿机制，由贷款人对联保的小企业发放的贷款。

第六条　贷款人开展小企业信用贷款和联保贷款业务应符合商业可持续的要求，按照“综合授信、分级授权、流程透明、规范高效”的原则开展小企业贷款业务。

第七条 农村信用社小企业信用贷款和联保贷款业务的管理应坚持“严格准入、自主选贷、注重效益、控制风险”的基本要求。

任何单位和个人不得干预贷款人办理小企业信用贷款和联保贷款业务的经营自主权。

第二章 贷款对象、用途和期限

第八条 申请小企业信用贷款和联保贷款的借款人除符合《贷款通则》规定的基本条件外，还应至少符合以下要求：

（一）在贷款人处开立基本存款账户；

（二）持有合法有效贷款卡；

（三）主要营业场所在贷款人服务的社区范围内；

（四）没有不良信用记录；

（五）产权关系明确；

（六）产业项目符合国家法律法规和政策的规定；

（七）贷款人规定的其他条件。

第九条 借款人申请信用贷款除符合第八条要求外，还应具备以下条件：

（一）不得在其他金融机构开立未经贷款人许可的银行结算账户；

（二）具有比较健全的企业财务制度，资产负债率应低于50%；

（三）主要股东、关键管理人员近3年内没有不良信用记录；

（四）已开业并正常经营6个月以上；

（五）不是贷款人的关系人。

第五项所称关系人是指贷款人的理事（董事）、监事、管理人员、信贷业务人员及其近亲属投资或担任高级管理职务的小企业。

第十条 借款人申请联保贷款除符合第八条要求外，还应具备以下条件：

（一）联保组成员不得少于5户；

（二）借款人和各成员的资产负债率在整个还款期内均应持续低于60%；

（三）单一借款人只能加入一个联保组；

（四）所有联保组成员都应符合或超过贷款人设定的能够申请联保贷款的最低信用等级标准；

（五）联保组成员不是关联方。

贷款人应参照《企业会计准则-关联方关系及其交易的披露》（财会字〔1997〕21号）的规定，认定联保组成员的关联方关系。

第十一条 小企业信用贷款应主要用于购买原（辅）材料和作为企业短期营运周转资金。

第十二条 除第十一条的用途规定外，小企业联保贷款还可以用于以下方面：

（一）设备的技术改造；

（二）购买专利权、商标权、特许经营权等知识产权；

（三）购建、维护固定资产。

第十三条 小企业信用贷款期限（含展期）不超过1年，小企业联保贷款期限（含展期）不超过3年。

第三章　授信管理

第十四条　贷款人应按照小企业信用贷款和联保贷款的特点，遵照“评级、授信、用信”的程序建立相应的授信管理制度或操作流程，实行客户经理制度。

第十五条　贷款人接到小企业的贷款申请后，应在规定时限内确定客户经理受理，并向该企业一次告知小企业信用贷款和联保贷款的流程及需要申报的材料。

第十六条　贷款人应充分考虑小企业经营特点和实际状况，利用其熟悉社区、了解客户的优势，重点掌握以下要素进行评级和授信：

（一）小企业的有效资产、实际负债、生产经营情况、现金流量、在金融机构的还款记录、资金结算、融资能力等真实财务状况，以及管理水平、市场竞争能力、所处行业的发展前景等；

（二）小企业主要股东、关键管理人员的基本素质、管理能力、品行、家庭资信状况、日常行为等；

（三）注册登记与年检及其他情况；

（四）实际纳税情况；

（五）小企业所属行业协会、上下游企业对其的综合评价；

（六）小企业所在社区村民委员会（居民委员会）以及附近居民对其的综合评价。

第十七条　贷款人要按照“分类科学、内容齐全、及时收集、管理规范”的原则，建立适合小企业信用贷款和联保贷款的综合信息管理档案。贷款档案应包括以下内容：

（一）小企业的基本信息，包括营业执照、特种行业许可证、年检证明、法人代码证书、近期纳税证明等；

（二）主要股东、关键管理人员的身份证明及其他必要的个人信息；

（三）小企业最近月份的负债和担保情况；

（四）业务合同、近期的财务报表和财务状况变动详细情况；

（五）客户经理的调查报告和办理意见；

（六）联保各方资信变动情况；

（七）其他资料。

第十八条 贷款人应综合考察影响小企业还款能力、还款意愿的各种因素，并结合其同自身的交易情况（如存贷款情况、贷款质量和履约记录等）及时评定申请贷款小企业的信用等级，信用等级有效期一般为一年。

第十九条 贷款人必须制定严格的信用评级管理办法。

贷款人应按照动态管理的原则，适时对小企业的信用等级进行考评、调整和内部信息共享。

贷款人应设立、确定小企业信用贷款或联保贷款申请人获得不同授信额度的信用等级标准。

第二十条 贷款人应根据小企业申请人信用等级的评级结果确定其授信额度进行授信。

第二十一条 贷款人授信过程应符合《商业银行授信工作尽职指引》的各项规定。

第二十二条 本指引中授信范围包括各类贷款、贴现、信用证、票据承兑、贸易融资、保理等。

第二十三条　贷款人授信应遵守下列指标：

（一）计入授信额度后，单一借款人的资产负债比例不得高于75%；

（二）信用贷款授信额度不得超过对单一借款人授信额度的20%；

（三）联保贷款授信额度不得超过对单一借款人授信额度的25%。

第二十四条　贷款人应根据对小企业客户的信用评级和授信情况自主决定信用贷款或联保贷款的币种、对象、额度、期限、用途、定价及其附加产品条件。

对信用状况良好的借款人，贷款人可给予利率优惠。

对信用状况欠佳的借款人，贷款人应充分根据风险定价原理厘定较高的利率水平。

第二十五条　贷款人在加强贷后管理的前提下，可实行小企业循环用信制度。允许小企业在确定的授信额度和一定期限内，多次提取、随借随用、循环使用、到期归还。

第四章　贷款管理

第二十六条　贷款人开展小企业信用贷款和联保贷款应以县级联社为单位实施统一管理和授权操作。

第二十七条　贷款人应根据当地经济环境、风险管理水平、信贷资产质量等因素，按照“区别对待、动态调整、相对稳定”的原则，对分支机构、客户经理进行差别授权和等级管理制度。

贷款人对分支机构、客户经理的授权应采取书面方式并至少载明被授权人考核期内发放单笔信用贷款、联保贷款的审批权限及限额，承担全部赔偿责任的单笔贷款审批权限及贷款总限额等内容。

第二十八条 贷款人应通过简化贷款审批程序、建立标准化的贷款操作流程，来提高小企业信用贷款和联保贷款的工作效率。

贷款人应根据借款人提出贷款需求时的状况，分别对首次提出贷款申请、发生过贷款关系、申请材料不完整的借款人或超出分支机构贷款权限等不同情况提出处理意见，规定办理时限。

第二十九条 客户经理在贷款人的授权范围内实行一揽子主办制，负责小企业贷款的调查、信贷档案材料收集、提出调查报告和办理意见、商议贷款合同条款、贷后管理与定期不定期贷后检查等事项。

第三十条 客户经理在授权范围内办理的小企业信用贷款、联保贷款业务实行双签审批制。

客户经理在授权范围内可以独立做出是否予以贷款的决定。贷款合同经借款人、客户经理初议并由客户经理和其所在分支机构的负责人共同签字并加盖贷款专用章后，即可生效。

第三十一条 贷款人可按照下列要求管理特殊联保贷款：

（一）5个以上的小企业向贷款人提出设立联保组和申请特殊联保贷款的申请；

（二）贷款人逐一审核联保组成员资格；

（三）符合贷款人规定条件的小企业成立联保组后，联保组成员共同出资设立风险基金、在贷款人处开立专户存放；

（四）联保组成员订立风险基金管理、使用、处置、损失补偿协议，经贷款人审核同意后实施；

（五）风险基金以联保组成员各自名义存入贷款人处，由贷款人专户管理，未经贷款人同意各联保组成员不得动用；

（六）联保组全体成员总的最高贷款额不得超过设立风险基金总额的3倍。

第三十二条 贷款人在对小企业信用贷款和联保贷款进行利率定价时，应严格遵循风险与收益相对称的原则。利率至少应覆盖贷款的资金成本、贷款方式、管理成本、贷款预期损失和贷款收益等要素。

第三十三条 贷款人可给予其分支机构及客户经理一定的小企业信用贷款和联保贷款的利率定价权，尤其是根据授权和对客户的信用评级情况，在浮动区间内自主确定贷款利率的权力。

第三十四条 贷款的本息偿还方式按照“协商议定、灵活多样、方便客户”的原则确定。

同一小企业客户与贷款人签订多笔贷款合同的，可以约定采取不同的贷款偿还方式。

第五章 风险控制

第三十五条 贷款人应建立针对小企业信用贷款和联保贷款业务的独立内控制度。

贷款人应加强对小企业信用和联保贷款业务的内部稽核。

第三十六条 贷款人应建立客户经理和经办人员的预培训和持续培训、考试、考核制度，提高其对小企业信用贷款和联保贷款的风险识别和管理能力。

第三十七条 贷款人应明确客户经理、分支机构对小企业信用贷款和联保贷款的贷后检查频率并应高于其他一般贷款形式。

第三十八条 贷款人应严格小企业信用贷款和联保贷款的重组操作程序，严禁擅自办理贷款重组和掩盖贷款真实形态。

第三十九条 贷款人应建立小企业信用贷款和联保贷款的风险损失抵补机制，保证两类贷款业务的利息收入能够充分满足两类业务损失准备的提取。

第四十条 贷款人应建立小企业信用贷款和联保贷款的监控流程，有效地掌握客户经理、分支机构的尽职情况，确保其执行小企业贷款政策、服务质量、风险防控等各项操作标准。

第四十一条 贷款人开办小企业信用贷款和联保贷款业务的操作流程、内控制度、风险控制措施等细则应报当地银行业监管部门备案。

第四十二条 省级联社可根据本指引结合当地实际情况制定实施细则，并报当地银监局备案。

第六章 激励与约束

第四十三条 贷款人应按照责、权、利相结合的原则，建立小企业信用贷款和联保贷款绩效评估机制，对工作绩效进行全面的考核与评价，合理确定客户经理及其他参与小企业贷款业务人员的奖励和风险责任，从制度上保证在重视贷款质量的前提下开展小企业贷款业务。

第四十四条 贷款人可设立小企业信用贷款和联保贷款奖

励专户，根据客户经理及其他参与人员发展的小企业客户数量、贷款金额、利息收益、贷款质量以及在贷款中承担的责任等因素，按照“明确标准、专门计提、专户存储、持续累积、上不封顶、损失抵扣、履约兑现”的方式计提专户资金，实现奖惩。

第四十五条 贷款人应合理设置履约兑现奖惩的条件，依据客户经理和其他人员的绩效和责任，确定从奖励专户中兑现的比例和最终全部兑现的条件。

奖励专户受益人在所发放的小企业信用贷款和联保贷款未能充分履约前，不能全额兑现奖金，留存的专户奖金将作为贷款出现损失时的补偿金。

奖励专户受益人因转岗、调出、退休等原因不再经办小企业贷款业务，应由贷款人认真审查后，根据受益人所发放贷款的履约状况，按规定分期或全额兑现。

第四十六条 贷款人各级管理人员不得干涉奖励专户资金的正常发放、分配和使用。

第四十七条 贷款人应按照《商业银行授信工作尽职指引》的要求，制定针对小企业信用贷款和联保贷款业务的尽职细则，对分支机构和客户经理进行尽职评价并区分尽职无错和不尽职责任。贷款人对于界定为尽职无错和非人为过错责任的人员，应设立减轻或免除责任条款。

第四十八条 贷款人应根据办理小企业信用贷款和联保贷款相关人员的参与程度和授权情况，建立责任追究和赔付制度。贷款人应综合考虑每笔贷款的发放权限、贷款方式、尽职责任等因素，计量责任人的赔付金额，按其承担的责任弥补贷款损失并采取降低分类等级和转岗、下岗清收至清退等处理措施。

第七章　附　则

第四十九条　农村信用社开展小企业贷款业务接受中国银行业监督管理委员会及其派出机构的指导和监管。

第五十条　从事商品生产、加工、流通的专业户和种养殖户申请小企业信用贷款、联保贷款可参照本指引执行。

第五十一条　小企业联保组的设立、变更、终止可以参照《农村信用合作社农户联保贷款指引》（银监发〔2004〕68号）执行。

第五十二条　本指引由中国银行业监督管理委员会负责解释。

第五十三条　本指引自发布之日起施行。

关于高风险农村信用社并购重组的指导意见

银监会关于印发《关于高风险农村信用社并购重组的指导意见》的通知

银监发〔2010〕71号

各银监局（西藏除外）：

现将《关于高风险农村信用社并购重组的指导意见》印发给你们，请认真贯彻执行，积极稳妥推进高风险农村信用社并购重组工作。

请各银监局将此文件转发至辖内银监分局、农村中小金融机构，执行中遇到问题，请及时报告银监会。

银监会

二〇一〇年八月六日

农村信用社自2003年深化改革试点以来，已整体步入良性发展轨道，但仍有部分农村信用社风险严重，在一定程度上危及农村金融体系的安全稳定，抑制了农村金融服务水平的进一步提高。为提高农村信用社稳健经营能力，促进农村金融发展，提高支农水平，根据《中华人民共和国银行业监督管理法》和《中国银行业监督管理委员会农村中小金融机构行政许可事项实施办法》（银监会令2008年第3号）等相关法规，现就通过并购重组推动高风险农村信用社发展提出如下意见。

一、目标原则

（一）主要目标

1. 有效化解风险。通过并购重组，加快高风险农村信用社风险化解，改善经营状况，使主要监管指标达到监管要求。

2. 提升管理水平。通过并购重组，改革产权制度，提升法人治理水平，完善组织架构，优化业务流程，强化内部控制，提高风险管理能力。

3. 增强支农能力。通过并购重组，增强资本实力，引进、创新业务产品，增加服务手段，拓展支农服务广度和深度。

（二）基本原则

1. 政府扶持，市场运作。创造条件，积极推动，并购各方平等自愿，公平公正。

2. 依法合规，合作共赢。并购应符合法律法规及监管要求，实现优势互补、互惠互利、共同发展。

3. 稳定县域，定位不变。坚持支持“三农”和小企业的市场定位，服务当地县域经济。

4. 加强监管，控制风险。严格控制道德风险，加强关联交易监管，切实防范虚假注资、恶意收购、套取资金与违规交易。

二、并购方式、范围、条件及程序

（一）本指导意见所称的并购方式，是指并购方通过全部或部分受让现有股权、认购新增股权等方式对高风险农村信用社实施并购重组的行为。

（二）并购范围

监管评级为六级的农村信用社（以县为单位，下同），以及监管评级为五 B 级且主要监管指标呈下行恶化趋势的农村信用社。

（三）并购方范围及条件

商业银行、农村合作金融机构、非银行金融机构及优质企业均可作为并购方。并购方为金融机构的，监管评级至少在二级及以上，并购后并表测算主要监管指标不低于相应的审慎监管标准。企业应符合向农村信用社投资入股资格的有关规定。

（四）并购方持股比例

境内金融机构最高可按100%持股比例全资并购，境外银行业金融机构持股比例应符合《境外金融机构投资入股中资金融机构管理办法》（银监会令2003年第6号）等相关规定。单个企业及其关联方合计持有一家高风险农村信用社股本总额的比例可以达到20%，因特殊原因持股比例超过20%的，随并购后农村信用社经营管理进入良性状态，其持股比例应有计划逐步减持至20%。

（五）并购程序

并购各方要在做好尽职调查的基础上，聘请资质较高、公信力较强的中介机构开展清产核资及资产评估工作。在市场准入程序上，单个企业及其关联方对一家高风险农村信用社持股比例超过10%的应报银监会审查批准，其余按照现有监管规定执行。

三、工作要求

（一）积极稳妥

各地应积极稳妥地推进并购工作，鼓励符合条件的并购方到中西部欠发达地区实施并购重组。有关各方应妥善做好相关的公告宣传和衔接工作，确保平稳过渡。

（二）多方推动

地方政府应落实对农村信用社风险处置责任，积极创造条件支持并购。省联社应加强推动，督促高风险农村信用社主动配合并购重组工作，尽快走出困境。监管机构要加强指导，支持并购后农村信用社转制为农村商业银行，对实施并购重组难度较大的高风险农村信用社，应采取多种措施化解风险，对风险化解不力的，应实施包括市场退出在内的强制性监管措施。

（三）产权改造

并购重组应同时实施股份制改造，并妥善处理新老股东产权关系，保障债权人、社员（股东）和职工等利益相关者的合法权益。并购方应按照现代金融企业的目标和要求，提升被并购机构经营管理水平，确保持续稳健发展。

（四）增强支农能力

被并购机构应保持县（市）农村信用社法人地位稳定，确保支农水平不下降，继续发挥“三农”服务主力军作用，吸收的存款应主要用于当地发放贷款。

（五）严控关联交易

加强对并购方资质监管，严格审查并购企业的关联关系，严防恶意并购。加强对并购方注资监管，严厉打击虚假注资、贷款注资及抽逃资本行为。加强关联交易监管，原则上被并购机构不得对控股股东授信，控股股东不得谋取股权收益之外的其它利益。

（六）建立后评估机制

监管机构应督促并购方履行承诺义务，实现风险化解目标。在实施并购后一定时期内，按年对被并购机构经营管理、风险化解及支农服务等情况进行评估。

最高人民法院关于工商部门对农村信用合作社的不正当竞争行为是否有权查处问题的答复

〔2005〕行他字第10号

安徽省高级人民法院：

你院《关于安徽省利辛县孙集农村信用合作社诉安徽省亳州市工商行政管理局工商行政处罚一案适用法律问题的请示报告》收悉。经研究，并征求国务院法制办、国家工商总局和银监会的意见，答复如下：

原则同意你院第一种意见，即依照《中华人民共和国商业银行法》第十条、第七十四条第（三）项、第九十三条规定及《中华人民共和国反不正当竞争法》第三条第二款规定，对农村信用合作社的金融违法行为包括反不正当竞争行为的监督管理职权，应由银行业监督管理机构行使。

附件：

安徽省高级人民法院关于安徽省利辛县孙集农村信用合作社诉安徽省亳州市工商行政管理局工商行政处罚一案适用法律的请示报告

〔2005〕皖行他字第3号

最高人民法院：

安徽省亳州市谯城区人民法院在审理安徽省利辛县孙集农

村信用合作社诉安徽省亳州市工商行政管理局工商行政处罚一案时，由于有关法律规范关于工商行政管理部门对金融违法行为有无行政处罚权的规定不一，逐级请示我院。我院经审判委员会讨论后，形成两种意见，现特向你院请示。

一、当事人的基本情况

原告安徽省利辛县孙集农村信用合作社（以下简称孙集信用社）。

法定代表人李芬，主任。

被告安徽省亳州市工商行政管理局（以下简称亳州工商局）。

法定代表人万德玉，局长。

二、案件事实

2004年1月9日，亳州工商局以孙集信用社自2000年9月始，在贷款人第一次办理小额贷款时，要求贷款人必须缴纳50元股金，否则不予办理小额贷款，其行为违反了《中华人民共和国反不正当竞争法》第六条和国家工商行政管理局《关于禁止公用企业限制竞争行为的若干规定》第四条第（六）项及国家工商局工商公字〔2000〕第168号文件的规定，构成不正当竞争行为为由，依据《中华人民共和国反不正当竞争法》第二十三条的规定，作出工商处〔2004〕60号行政处罚决定，决定对孙集信用社作出责令停止违法行为，罚款5万元的处罚。孙集信用社不服该处罚决定，向安徽省工商行政管理局申请行政复议。安徽省工商行政管理局于2004年5月28日作出工商复决字〔2004〕第03号行政复议决定，维持了原处罚决定。孙集信用社不服，向亳州市中级人民法院起诉，要求撤销亳州工商局作出的工商处〔2004〕60号行政处罚决定。2004年6月14日，亳州市中级人民法院作出〔2004〕亳行初字第13号行政裁定，指令亳州市谯城区人民法院审理此案。

关于工商行政管理部门对金融违法行为有无处罚权的问题，孙集信用社提供了《中华人民共和国银行法》、国务院《金融违法行为处罚办法》和中国人民银行（合作司）银合函〔2001〕10号“关于工商行政管理部门对农村信用社实施行政处罚有关问题的函”等法律依据。《中华人民共和国银行法》第三条、国务院《金融违法行为处罚办法》第十六条第（四）项规定信用社属金融机构，应由人民银行对其进行监督、管理。中国人民银行（合作司）银合函〔2001〕10号“关于工商行政管理部门对农村信用社实施行政处罚有关问题的函”明确答复：“……对农村信用社的金融违法行为应依法由中国人民银行实施处罚，工商部门不具备对金融违法行为实施行政处罚的主体资格。”

亳州市工商局提举了《中华人民共和国反不正当竞争法》第二条第三款、第三条第二款、第六条、第二十三条、国家工商行政管理局第20号令《关于禁止公用企业限制竞争行为的若干规定》第四条第六项、第五条、第九条和国家工商行政管理局工商公字〔2000〕第168号“关于信用合作社强制贷款人缴纳股金行为定性处理问题的答复”，以证明工商行政管理机关对信用合作社强制收取股金的行为具有处罚权。

三、本院意见

案经本院审判委员会讨论，形成两种意见。

第一种意见认为，工商行政管理部门对金融业银行机构的金融违法行为包括不正当竞争行为无权查处。理由如下：

1. 根据《中华人民共和国反不正当竞争法》第三条第二款的规定，对不正当竞争行为，一般应由县级以上人民政府工商行政管理部门进行监督检查，但法律、行政法规规定由其他部门监督检查的，应依照法律、行政法规的特别规定。《中华人民共和国商业银行法》第九条、第十条和第七十四条第（三）项规定，商业银行开展业务，应当遵守公平竞争的原则，不得从事不正当竞争，商业银行依法接受国务院银行业监督管理机构的监督管理，商业银行违反规定提高或者降低利率以及采用其他不正当手段，吸收存款，发放贷款的，由国务院银行业监督管理机构责令改正。《中华人民共和国银行业监督管理法》第三条第二款也规定，银行业监督管理应当保护银行业公平竞争。国务院办公厅关于印发中国银行业监督管理委员会主要职责内设机构和人员编制规定的通知（国办发〔2003〕30号），亦已明确规定中国银行业监督管理委员会的主要职责是对银行业金融机构实行现场和非现场监管，依法对违法违规行为进行查处。因此，依照特别法优于普通法的法的适用原则，对孙集信用社的金融违法违规问题，工商行政管理部门无权查处，应由银行业监督管理机构查处。

2. 虽然国家工商行政管理局已明确答复信用社强制贷款人入股的行为属不正当竞争，工商行政管理部门有权查处，但该答复是2000年作出的，而《中华人民共和国商业银行法》是2003年修订的，《中华人民共和国银行业监督管理法》是2003年制定的，国务院办公厅关于印发中国银行业监督管理委员会主要职责内设机构和人员编制规定的通知也是2003年作出的，由于该答复现已与上位法不相符合，故人民法院不能参照。

第二种意见认为，工商行政管理部门对金融业银行机构的金融违法行为包括不正当竞争行为有权查处。理由如下：

根据国家工商行政管理局工商公字〔2000〕第168号《国家工商行政管理局关于信用合作社强制贷款人交纳股金行为定性处理问题的答复》，信用合作社属于《中华人民共和国反不正当竞争法》第六条规定的依法具有独立地位的经营者，其滥用发放农资专用贷款的独占地位，强制贷款人交纳股金，成为信用合作社的股民，否则就不给贷款的行为，违反了《反不正当竞争法》第六条规定，构成国家工商行政管理局《关于禁止公用企业限制竞争行为的若干规定》第四条第（六）项所禁止的限制竞争行为。《中华人民共和国反不正当竞争法》第三条规定，县级以上人民政府工商行政管理部门对不正当竞争行为进行监督检查。国家工商行政管理局《关于禁止公用企业限制竞争行为的若干规定》第五条规定：本规定中的违法行为，由省级或者设区的市的工商行政管理机关查处。因此，对农村信用合作社强制贷款人交纳股金行为，应由工商行政管理部门查处。

我院审判委员会倾向第一种意见。

上述意见哪一种正确，请予批复。

中国银监会关于鼓励和引导民间资本参与农村信用社产权改革工作的通知

银监发〔2014〕45号

各银监局，各省级农村信用联社，北京、天津、上海、重庆、宁夏黄河、深圳农村商业银行：

为认真贯彻落实国务院关于鼓励、引导和扩大民间资本进入金融业的要求，深入推进农村信用社产权改革，优化股权结构，完善公司治理，加快培育合格市场主体，全面提升农村信用社“三农”服务能力与水平，现就积极吸收民间资本参与农村信用社产权改革有关要求通知如下：

一、支持民间资本与其他资本按同等条件参与农村信用社产权改革

按照“立足本地、面向市场；平等参与、公平竞争；主业涉农、资质优良”原则，鼓励民间资本进入农村金融服务领域，支持民间资本参与农村信用社产权改革，着力实现农村信用社股东主体涉农化、股权结构多元化、股本构成民营化，进一步提升农村信用社资本实力、经营活力与竞争能力。积极支持民间资本与其他资本按照同等条件参与农村信用社改革，优先吸收认同农村信用社服务“三农”战略的民营企业参与改革，重点引入农业产业化龙头企业、农民合作社、种养大户等新型农村经营主体以及经营稳健、具备持续增资能力的优质民营企业。

各银监局、各省联社要按照上述原则和要求，在坚持服务县域、支农支小市场定位和发展战略的前提下，以股份制改革为导向，稳步扎实推进农村信用社产权改革。符合农村商业银行组建条件的，要积极改制为农村商业银行，增强资本实力，提高支农能力，推进向现代金融企业转型；农村合作银行也要加快将资格股转换为投资股，完善产权制度，按照农村商业银行要求进行改制。

二、鼓励民间资本参与农村商业银行增资扩股

已经改制为农村商业银行的机构，要以培育合格市场主体、打造现代金融企业为目标，进一步扩大民间资本参与度，着力提高股权结构中的民间资本占比、法人股占比和优质股东占比。

在新股增发和股权转让过程中，要科学设置和调整优化股权结构。原则上，新增股本以吸收民间资本为主，股权流转以优质民营企业为主要受让方。对于因历史因素导致国有资本持股比例较高的，应逐步通过增资扩股、股权转让等方式稀释减持，确保民间资本在总资本中始终保持绝对主导地位。要着力改善股东质量，在有效保护中小股东合法权益的前提下，稳步提升优质民营法人股东持股比例，原则上应有相应数量持股比例相对较高的优质股东，逐步形成以民营法人股东为主体，具备一定数量主业涉农、治理完善、经营稳健、具备持续增资能力的主要投资人的良好股东结构。

三、引导民间资本对农村信用社实施并购重组

积极支持各类优质民营企业对农村信用社问题机构实施并购重组，促进机构风险化解和产权改革。进一步放宽并购重组

的机构范围，并购对象由原规定的监管评级五B级（含）以下机构，调整放宽至五级（含）以下机构。进一步提高并购方的持股比例，对并购五A级机构的，单家企业及其关联方合并持股比例由原来的10%放宽至20%；对并购五B级（含）以下机构的，允许单家企业及其关联方持股比例阶段性超过20%，在被并购机构经营管理进入良性状态后，再按照有利于完善公司治理和防范风险的原则，逐步减持或稀释至20%以下。

继续支持符合条件的境内金融机构对农村信用社问题机构进行战略投资和财务重组，重点引导农村商业银行实施行业内、跨区域帮扶。监管评级二级（含）以上的农村商业银行，最高可按100%比例全资并购五级（含）以下农村信用社；监管评级三级的农村商业银行参股五级（含）以下农村信用社的，持股比例可达20%，有特殊情况的，持股比例可阶段性超过20%。

四、保障民营股东有效行使权利和发挥治理作用

吸收民间资本进入银行业，参与农村信用社产权改革，不仅要发挥其资本聚合和优化股权结构的作用，还要注重发挥民营股东在提升农村中小金融机构公司治理有效性、促进机制转换方面的积极作用。要按照依法合规原则，构建能够体现民营股东地位、发挥股东作用的公司治理架构，着重吸收优质民营企业股东进入董事会、监事会及相关专业委员会，为民营股东有效履职提供组织保障。要细化完善公司章程内容，按照《公司法》、《商业银行公司治理指引》等相关法律法规和监管政策要求，对股东行使权利的规则、方式和程序作出明确规定，为各类股东有效履职提供制度保障。要建立健全工作机制，按照

便于股东参与决策、实施监督和进行绩效评价的原则，改进工作流程，实现股东参事议事规范化，为股东有效履职提供运行保障。要加强民营股东董事和监事培训，增强其对金融政策和金融知识的了解掌握，提升其履行出资人职责的专业化能力与水平。

五、加强对民间资本投资农村信用社的规范与监管

各银监局要高度重视和切实加强对民间资本参与农村信用社产权改革工作的规范与监管。在产权改革和股权流转过程中，要充分尊重原有股东意愿，注重维护原有股东合法权益，确保投资入股和改制程序依法合规。要严格股东准入审核，除按行政许可规定审核其资质条件外，要重点审查股东关联关系，严防关联企业违规参股甚至恶意控制被投资机构。要加强股东注资监管，确保入股资金真实合法、足额到位，严防虚假注资、贷款注资以及抽逃资本等行为。要强化股东行为监管，合理平衡大小股东权利关系，防止个别股东恶意操纵，严防股东通过关联交易牟取不当利益。要引导股东树立稳健经营理念，坚持服务县域和支农支小方向，在推进深化农村信用社改革过程中，确保方向不偏、风险可控、经营稳健、商业可持续。对股东违反《公司法》以及有关监管要求的，要依法查处问责。

六、健全促进民间资本投资的实施与保障机制

各银监局、各省联社要从贯彻落实中央精神和金融服务“三农”大局出发，把鼓励和引导民间资本参与农村信用社产权改革工作摆在更加重要位置，协力构建完善促进民间资本投资的实施与保障机制。要加强工作联动协同，共同推进改革深

化，为民间资本投资提供切实有效的支持。省联社要加强指导、协调，积极推动农村信用社吸收民间资本实施产权改革，在银监会关于农村信用社改制的行政许可要求之外，不得另行设置民间资本准入门槛，不得对农村信用社产权改革和增资扩股等实施审批或采取限制性措施。要建立银企对接平台，发挥行业信息对民间资本的投资引导作用，督促农村信用社与有投资意向、符合资质条件的民营企业主动对接，促进投资意向转化落实为投资行为。要健全投资后评价制度，对改制后机构的经营管理、风险化解、支农支小等情况进行跟踪评价和及时纠偏。

2014年11月24日

农村金融机构定向费用补贴资金管理办法

关于印发《农村金融机构定向费用补贴
资金管理办法》的通知
财金〔2014〕12号

各省、自治区、直辖市、计划单列市财政厅（局）：

2009年以来，财政部门积极落实农村金融机构定向费用补贴政策，引导社会资金投向“三农”，支持城乡统筹协调发展，总体效果良好。根据《国务院办公厅关于金融支持经济结构调整和转型升级的指导意见》（国办发〔2013〕67号），为巩固和扩大农村金融机构定向费用补贴政策效果，我部对有关内容进行了细化和完善，现印发《农村金融机构定向费用补贴管理办法》，请遵照执行。执行过程中如有问题，及时报告我部（金融司）。

中华人民共和国财政部

2014年3月11日

第一章　总　则

第一条　为引导和鼓励金融机构主动填补农村金融服务空白，稳步扩大农村金融服务覆盖面，促进农村金融服务体系建设，进一步加强和规范农村金融机构定向费用补贴资金（以下简称补贴资金）管理，根据国家有关规定，制定本办法。

第二条　符合规定条件的新型农村金融机构和基础金融服务薄弱地区的银行业金融机构（网点），可按照本办法规定，获得财政补贴资金支持。

第三条　本办法所称新型农村金融机构，是指经中国银行业监督管理委员会（以下简称银监会）批准设立的村镇银行、贷款公司、农村资金互助社3类农村金融机构。

本办法所称基础金融服务薄弱地区，是指由银监会统计和认定的西部偏远地区乡（镇），名单由财政部另行发布。

第四条　本办法所称存（贷）款平均余额，是指金融机构（网点）在年度内每个月末的存（贷）款余额平均值，即每个月末的存（贷）款余额之和除以月数。如果金融机构（网点）为当年新设，则存（贷）款平均余额为自其开业之月（含）起的每个月末的存（贷）款余额平均值。

本办法所称月末贷款余额，是指金融机构在每个月末的各项贷款余额，不包括金融机构的票据贴现，以及自上年度开始以来从其他机构受让的信贷资产。具体统计口径以《中国人民银行金融统计制度》及相关规定为准。

本办法所称年平均存贷比，是指金融机构当年的贷款平均余额与存款平均余额之比。

第五条 本办法所称涉农贷款，是指符合《涉农贷款专项统计制度》（银发〔2007〕246号）规定的涉农贷款，不包括金融机构的票据贴现，以及自上年度开始以来从其他机构受让的信贷资产。

本办法所称小微企业，是指符合《中小企业划型标准规定》（工信部联企业〔2011〕300号）规定的小型、微型企业。

第六条 农村金融机构定向费用补贴工作，遵循政府扶持、商业运作、风险可控、管理到位的基本原则。

政府扶持，是指财政部建立定向费用补贴制度，促进金融机构加大支农力度，实现持续发展。

商业运作，是指金融机构按商业经营规律，自主决策、自担风险、自负盈亏。

风险可控，是指金融机构在加大贷款投放的同时，应当加强内部管理，改善经营指标，控制相关风险。

管理到位，是指财政部门规范补贴资金管理，严格审核，及时拨付，加强监督检查，保证资金安全和政策实施效果。

第二章 补贴条件和标准

第七条 对符合下列条件的新型农村金融机构，财政部门按其当年贷款平均余额的2%给予补贴：

（一）当年贷款平均余额同比增长；

（二）村镇银行的年均存贷比高于50%（含）；

（三）当年涉农贷款和小微企业贷款平均余额占全部贷款平均余额的比例高于70%（含）；

（四）财政部门规定的其他条件。

对西部基础金融服务薄弱地区的银行业金融机构（网点），财政部门按其当年贷款平均余额的2%给予补贴。新型农村金融机构不重复享受补贴。

第八条 补贴资金由中央和地方财政按照规定的比例分担。东、中、西部地区的中央地方分担比例分别为7：3、8：2、9：1。

第九条 东、中、西部地区农村金融机构可享受补贴政策的期限，分别为自该机构开业当年（含）起的3、4、5年内。如果农村金融机构开业时间晚于当年的6月30日，享受补贴政策的期限从开业次年起开始计算。农村金融机构开业超过享受补贴政策的年数后，无论该机构是否曾经获得过补贴，都不再享受补贴。东、中、西部地区划分标准按照《关于明确东中西部地区划分的意见》（财办预〔2005〕5号）规定执行。

第十条 对以下几类贷款不予补贴。

（一）当年任一时点单户贷款余额超过500万元的贷款；

（二）注册地位于县级（含县、县级市、县级区，不含县级以上城市的中心区）以下区域的新型农村金融机构，其在注册地所属县级区域以外发放的贷款；

（三）注册地位于县级以上区域的新型农村金融机构，其网点在所处县级区域以外发放的贷款；

（四）西部基础金融服务薄弱地区的银行业金融机构（网

点）在其所在乡（镇）以外发放的贷款。

第十一条 补贴资金于下一年度拨付，纳入金融机构收入统一核算。

第三章 补贴资金预算管理

第十二条 财政部根据全国农村金融机构当年贷款平均余额预测和规定的补贴标准，安排专项补贴资金，列入下一年度中央财政预算。补贴资金原则上在预算安排额度内据实列支。

第十三条 财政部每年向省级财政部门拨付补贴资金，各级财政部门应当按规定转拨，由县级财政部门向金融机构拨付。

第十四条 各级地方财政部门应当根据国家关于财政资金管理的规定，做好本级财政承担资金的预算安排工作，并确保资金及时足额拨付到位。

第十五条 省级财政部门应当于拨付补贴资金后，及时编制补贴资金的审核、拨付和使用报告，经财政部驻当地财政监察专员办事处（以下简称专员办）审核后，于财政部拨付补贴资金后3个月内报财政部备案。

第四章 补贴资金的申请、审核和拨付

第十六条 金融机构按年向县级财政部门申请补贴资金。

第十七条 金融机构按照国家财务会计制度和财政部规定的补贴比例，计算贷款平均余额和相应的补贴资金，向所在地县级财政部门提出申请。在县域内具有法人资格的金融机构，以金融机构法人为单位申请；其他金融机构在县及县以下的分支机构，以县级分支机构为单位汇总申请。

第十八条 补贴资金的申请、审核和拨付，按以下程序办理：

（一）金融机构应当于下一年度2月20日前，向县级财政部门报送补贴资金申请书及相关材料。

新型农村金融机构的补贴资金申请书及相关材料应当反映当年贷款发放额、当年存款和贷款平均余额、同比增幅、申请补贴资金金额、村镇银行年均存贷比等数据。

不符合补贴条件的新型农村金融机构，应当向县级财政部门报送贷款情况表，包括但不限于当年存款和贷款平均余额、同比增幅等情况，作为今后财政部门审核拨付补贴资金的依据。

基础金融服务薄弱地区金融机构的补贴资金申请书及相关材料应当反映本机构在基础金融服务薄弱地区各网点的当年贷款发放额、当年贷款平均余额、同比增幅、申请补贴资金金额等数据，并附银行业监管部门对该机构在当地设立网点的批复。

（二）县级财政部门收到金融机构的补贴资金申请材料后，在15个工作日内出具审核意见。

（三）县级财政部门向省级财政部门报送补贴资金申请材料，包括金融机构的补贴资金申请书及相关材料、本县贷款发放和补贴资金情况表和县级财政部门审核意见等。

（四）省级财政部门对补贴资金申请材料进行审核汇总后，送专员办审核。

（五）专员办收到省级财政部门的补贴资金申请材料后，在30个工作日内出具审核意见并送省级财政部门。

（六）省级财政部门在5月31日之前向财政部报送补贴资金申请材料，包括本省和各县贷款发放和补贴情况表，并附专员办审核意见。

（七）财政部审核后，据实向省级财政部门拨付补贴资金。

（八）省级财政部门收到财政部拨付的补贴资金后，在10个工作日内将中央补贴资金和本级承担的补贴资金逐级转拨。

（九）县级财政部门收到补贴资金后，在10个工作日内将补贴资金支付给金融机构。

（十）需经地方人民政府批准后方可转拨补贴资金的地方财政部门，应当在报经地方人民政府批准后，5个工作日内转拨补贴资金。

第五章　监督管理

第十九条　金融机构应当严格执行国家金融企业财务制度，认真如实统计和上报本机构贷款发放和余额情况。每季度终了后10个工作日内，金融机构应当向县级财政部门报送本机构该季度每月的贷款发放额和月末余额等数据，作为财政部门审核拨付补贴资金的依据。

第二十条 地方财政部门对行政区划内金融机构的补贴申请工作进行指导，做好补贴资金审核拨付的组织和协调工作，并会同有关部门对补贴资金审核拨付工作进行检查，对检查中发现的问题及时处理和反映，保证财政补贴政策落到实处。

第二十一条 专员办对辖区内金融机构贷款和各项监管指标完成情况认真审核，出具意见作为中央和各级地方财政部门审核拨付补贴资金的依据。

专员办应当加强对补贴资金拨付和使用的监督检查，规范审核拨付程序，保证补贴资金专项使用。

第二十二条 财政部不定期对补贴资金进行监督检查，对补贴资金的使用情况和效果进行评价，作为调整政策的依据之一。

第二十三条 金融机构虚报材料，骗取财政补贴资金的，财政部门应当追回补贴资金，并按规定予以处罚。处罚形式包括但不限于取消补贴资格、追回以往年度已拨补贴资金、通报当地银行业监督管理机构等。

第二十四条 金融机构不执行国家金融企业财务制度和不按时报送相关数据的，地方财政部门可根据具体情况，暂不出具补贴资金审核意见，或取消其获得补贴的资格。

第二十五条 财政部门和专员办未认真履行审核职责，导致金融机构虚报材料骗取补贴资金，或者挪用补贴资金的，上级财政部门应当责令改正，追回已拨资金，并根据《财政违法行为处罚处分条例》对有关单位和责任人员进行处罚。

地方财政部门不按规定安排和及时拨付补贴资金的，上级财政部门应当督促其限期整改。未能限期整改的，上级财政部门可暂停或取消该地区享受政策的资格。

第六章　附　则

第二十六条　本办法自 2014 年 4 月 11 日起施行，财政部 2010 年印发的《中央财政农村金融机构定向费用补贴资金管理暂行办法》（财金〔2010〕42 号）同时废止。

全国普法学习读本

最新农村经济法律法规读本

金融税费法律法规学习读本

税费改革法律法规

李勇 主编

汕頭大學出版社

图书在版编目（CIP）数据

税费改革法律法规 / 李勇主编 . -- 汕头 : 汕头大学出版社，2023.4（重印）

（金融税费法律法规学习读本）

ISBN 978-7-5658-3203-1

Ⅰ. ①税… Ⅱ. ①李… Ⅲ. ①税收改革-税法-中国-学习参考资料 Ⅳ. ①D922.220.4

中国版本图书馆 CIP 数据核字（2017）第 254804 号

税费改革法律法规　　SHUIFEI GAIGE FALÜ FAGUI

主　　编：李　勇
责任编辑：邹　峰
责任技编：黄东生
封面设计：大华文苑
出版发行：汕头大学出版社
　　　　　广东省汕头市大学路 243 号汕头大学校园内　邮政编码：515063
电　　话：0754-82904613
印　　刷：三河市元兴印务有限公司
开　　本：690mm×960mm 1/16
印　　张：18
字　　数：226 千字
版　　次：2017 年 10 月第 1 版
印　　次：2023 年 4 月第 2 次印刷
定　　价：59.60 元（全 2 册）
ISBN 978-7-5658-3203-1

前　言

习近平总书记指出："推进全民守法，必须着力增强全民法治观念。要坚持把全民普法和守法作为依法治国的长期基础性工作，采取有力措施加强法制宣传教育。要坚持法治教育从娃娃抓起，把法治教育纳入国民教育体系和精神文明创建内容，由易到难、循序渐进不断增强青少年的规则意识。要健全公民和组织守法信用记录，完善守法诚信褒奖机制和违法失信行为惩戒机制，形成守法光荣、违法可耻的社会氛围，使遵法守法成为全体人民共同追求和自觉行动。"

中共中央、国务院曾经转发了中央宣传部、司法部关于在公民中开展法治宣传教育的规划，并发出通知，要求各地区各部门结合实际认真贯彻执行。通知指出，全民普法和守法是依法治国的长期基础性工作。深入开展法治宣传教育，是全面建成小康社会和新农村的重要保障。

普法规划指出：各地区各部门要根据实际需要，从不同群体的特点出发，因地制宜开展有特色的法治宣传教育坚持集中法治宣传教育与经常性法治宣传教育相结合，深化法律进机关、进乡村、进社区、进学校、进企业、进单位的"法律六进"主题活动，完善工作标准，建立长效机制。

特别是农业、农村和农民问题，始终是关系党和人民事业发展的全局性和根本性问题。党中央、国务院发布的《关于推进社会主义新农村建设的若干意见》中明确提出要"加强农村法制建设，深入开展农村普法教育，增强农民的法制观念，提高农民依法行使权利和履行义务的自觉性。"多年普法实践证明，普及法律知识，提高法制观念，增强全社会依法办事意识具有重要作用。特别是在广大农村进行普法教育，是提高全民法律素质的需要。

多年来，我国在农村实行的改革开放取得了极大成功，农村发生了翻天覆地的变化，广大农民生活水平大大得到了提高。但是，由于历史和社会等原因，现阶段我国一些地区农民文化素质还不高，不学法、不懂法、不守法现象虽然较原来有所改变，但仍有相当一部分群众的法制观念仍很淡化，不懂、不愿借助法律来保护自身权益，这就极易受到不法的侵害，或极易进行违法犯罪活动，严重阻碍了全面建成小康社会和新农村步伐。

为此，根据党和政府的指示精神以及普法规划，特别是根据广大农村农民的现状，在有关部门和专家的指导下，特别编辑了这套《全国普法学习读本》。主要包括了广大人民群众应知应懂、实际实用的法律法规。为了辅导学习，附录还收入了相应法律法规的条例准则、实施细则、解读解答、案例分析等；同时为了突出法律法规的实际实用特点，兼顾地方性和特殊性，附录还收入了部分某些地方性法律法规以及非法律法规的政策文件、管理制度、应用表格等内容，拓展了本书的知识范围，使法律法规更“接地气”，便于读者学习掌握和实际应用。

在众多法律法规中，我们通过甄别，淘汰了废止的，精选了最新的、权威的和全面的。但有部分法律法规有些条款不适应当下情况了，却没有颁布新的，我们又不能擅自改动，只得保留原有条款，但附录却有相应的补充修改意见或通知等。众多法律法规根据不同内容和受众特点，经过归类组合，优化配套。整套普法读本非常全面系统，具有很强的学习性、实用性和指导性，非常适合用于广大农村和城乡普法学习教育与实践指导。总之，是全国全民普法的良好读本。

目　录

国家税费改革和税务规划

地方税费改革有关政策

国家税费改革和税务规划

“十三五”时期税务系统全面推进依法治税工作规划

关于印发《“十三五”时期税务系统全面推进依法治税工作规划》的通知

税总发〔2016〕169号

各省、自治区、直辖市和计划单列市国家税务局、地方税务局，局内各单位：

为加快“十三五”时期税收法治建设，全面推进依法治税，税务总局制定了《“十三五”时期税务系统全面推进依法治税工作规划》，现印发给你们，请结合实际认真贯彻执行。

国家税务总局

2016年12月2日

为加快“十三五”时期税收法治建设，全面推进依法治税，根据《中共中央关于全面推进依法治国若干重大问题的决定》《法治政府建设实施纲要（2015—2020年）》《“十三五”时期税收发展规划》《国家税务总局关于全面推进依法治税的指导意见》，制定本规划。

一、总体要求

（一）工作思路

全面贯彻党的十八大和十八届三中、四中、五中、六中全会精神，深入贯彻习近平总书记系列重要讲话精神，落实《法治政府建设实施纲要（2015—2020年）》《深化国税、地税征管体制改革方案》《国家税务总局关于全面推进依法治税的指导意见》，坚持依法决策、规范执行、严密监督共同推进，坚持法治化、规范化、信息化一体建设，抓住领导干部这个“关键少数”，以约束税务机关权力、保护纳税人权利为重点，最大限度规范税务人、最大限度便利纳税人，促进税法遵从和税收共治，在更高层次更高水平上推进依法治税，为实现税收现代化提供有力法治保障。

（二）基本原则

——坚持税收法定。增强税收制度制定的科学性、民主性和透明度，提高税收制度建设质量，推动实现税收领域良法善治。

——坚持征纳双方法律面前平等。牢固树立平等理念，依法平等保护相关主体合法权益，征纳双方相互尊重、诚实守信、信赖合作。

——坚持依法行政。坚持权由法定、权依法使，遵循正当程序，合法合理行政，提高税收执法效能和执法公信力。

——坚持简政放权。协同推进简政放权、放管结合、优化服务改革，转变税收管理理念和管理方式，激发市场活力和社会创造力。

——坚持从税收工作实际出发。将税收法治工作与纵合横通强党建、绩效管理抓班子、数字人事带队伍、培育人才提素质等特色工作深度融合，提升税收法治建设实效。

（三）主要目标

到2020年基本建成法治、创新、廉洁和服务型税务机关，努力实现以下目标：

——税收职能依法全面履行。依法征税理念牢固树立，税收改革依法稳步推进，税收筹集财政收入、调节分配和调控经济职能作用更加有效发挥。

——税收制度体系更加完备。税收立法级次显著提升，税收制度的及时性、系统性、针对性、有效性明显增强，税收法律制度体系完备规范。

——税收行政行为更加规范。依法决策机制健全，税收征管严格规范，纳税服务优质便捷，权力制约监督严密有效，纳税人合法权益保障有力。

——税收法治环境更加优化。税务机关和税务干部尊法学法守法用法氛围浓厚，纳税人税法遵从意识明显增强，综合治税体系不断完善，税收共治格局基本形成。

二、工作任务

（一）依法全面履行税收工作职能

1. 严格依法征税

认真贯彻落实预算法和税收征管法等税收相关法律。适应经济发展新常态，建立健全新型税收收入管理体系。坚持依法组织收入原则，依法防止和制止收“过头税”，加强税收收入质量考核评价，实施收入质量动态监测和管理，坚决遏制提前征收、延缓征收、摊派税款、越权减免税等违法违规行为。

2. 依法发挥税收职能

贯彻“创新、协调、绿色、开放、共享”发展理念，主动适应改革发展需要，在法治轨道上持续推进税收改革，依法制定、严格执行各项税收政策，不折不扣落实税收优惠政策，服务供给侧结构性改革。加快税收政策工作规范化机制建设，做好税收政策前瞻性研究和储备，完善政策解读机制，建立税收政策确定性管理制度，健全税收政策协调机制，落实税收政策执行情况反馈报告制度，着力构建政策全链条管理机制。

3. 深化行政审批制度改革

全面取消非行政许可审批事项，全面清理中央指定地方实施的行政审批事项，严格控制新设行政许可，规范和改进行政许可行为。坚持放管结合，强化纳税人自主申报，完善包括备案管理、发票管理、申报管理等在内的事中事后管理体系，推进大数据应用，加强风险管理，实现税收管理由主要依靠事前审批向加强事中事后管理转变。在会同有关部门共同推进工商营业执照、组织机构代码证、税务登记证“三证合一”的基础上，再整合社会保险登记证和统计登记证，实现“五证合一、一照一码”，协调相关部门推进个体工商户“两证整合”。探索完善对“一址多照”和“一照多址”纳税人实施有效管理。

4. 推行权力清单和责任清单

落实中办、国办《关于推行地方各级政府工作部门权力清单制度的指导意见》和国办《关于印发国务院部门权力和责任清单编制试点方案的通知》，做好税务系统权责清单编制和实施工作。2016年底完成国务院部门权责清单编制试点工作任务。积极配合有关部门做好推行负面清单相关工作。省税务局、市县税务局按照税务总局和地方政府相关安排开展权责清单制度推行工作。

5. 推进税务机关及其部门职责规范化

落实《深化国税、地税征管体制改革方案》，结合税制改革新要求，适应税源结构新变化，把握税收管理新趋势，优化组织结构、职责划分、资源配置，推进各级税务机关及其部门的职能、权限、程序、责任科学化、规范化，进一步完善岗责体系，促进税务机关依法高效履行职责。推进非税收入法治化建设，健全地方税费收入体系。

（二）提高税收制度建设质量

6. 推动和参与税收立法

推动落实税收法定原则，加快税收征管法修订工作，做好税收征管法及其实施细则修订后的实施工作，推动环境保护税和房地产税立法，把主要税种的征收依据逐步由行政法规上升为法律，进一步完善税收法律制度体系。整合、规范、优化税收优惠政策。

7. 完善税务部门规章和税收规范性文件制定程序

适时修订《税务部门规章制定实施办法》《税收规范性文件制定管理办法》，逐步提高税务部门规章作为税收行政执法依据的比重。提高税务部门规章和税收规范性文件制定的公众参与度，落实税收政策和管理制度出台前征求意见相关要求，做好制定税务部门规章、税收规范性文件过程中公开征求意见工作，进一步研究健全公开征求意见、论证咨询、意见采纳情况反馈等机制。除依法需要保密的外，税务部门规章草案应当通过网络、报纸等媒体向社会公开征求意见，期限一般不少于30日。探索税收制度建设基层联系点制度。探索委托第三方起草税务部门规章草案。

8. 强化税务部门规章和税收规范性文件审查

加大合法性审查力度，没有法律或者国务院行政法规、决定、命令的依据，税务部门规章不得设定减损公民、法人和其他组织权利或者增加其义务的规范，不得增加税务部门的权力或者减少税务部门的法定职责。税收规范性文件未经公告形式公布，不得作为税收执法依据。加大合理性审查力度，增强税务部门规章和税收规范性文件的针对性、可操作性，从源头上根除制度性侵权，防范制度性风险。完善合规性评估机制，对税务部门规章和税收规范性文件的世贸规则合规性进行审查。加大备案审查力度，把所有税收规范性文件纳入备案审查范围。健全公民、法人和其他组织建议审查制度。

9. 健全税务部门规章和税收规范性文件清理长效机制

按照国务院部署，对现行税务部门规章和税收规范性文件开展清理，清理结果向社会公布。健全和落实日常清理和集中清理机制。实行税务部门规章和税收规范性文件目录与文本动态化、信息化管理，及时更新文件目录及文本。

10. 深度参与国际税收规则制定

加强国际税收合作，全面深入参与应对税基侵蚀和利润转移（BEPS）行动计划，将相关成果融入我国的反避税、非居民税收管理、协定谈判和执行以及国际税收征管协作等实践中，建立健全跨国企业税收监控机制，防范国际逃避税，推进双边协商，规范税收协定执行。以推动实施“一带一路”战略、支持国际产能和装备制造合作为重点，加快税收协定谈签和修订进程，全面加强国外税收政策咨询服务，建立与重点国家税务部门常态化沟通机制，及时协调解决“走出去”企业有关涉税争端。

(三) 推进依法科学民主决策

11. 健全依法决策机制

根据中央关于加强依法科学民主决策的要求和有关制度规定，结合税收工作实际，完善重大行政决策程序，健全依法决策内部机制，强化决策程序的刚性约束。

12. 增强公众参与实效

对于事关经济社会发展大局和涉及纳税人切身利益等重大行政决策事项，应当广泛听取意见，与利害关系人进行充分沟通。注重听取人大代表、政协委员、人民团体、基层组织、社会组织的意见。加强公众参与平台建设，对社会关注度高的决策事项，应当公开信息、解释说明，及时反馈意见采纳情况和理由。

13. 提高专家论证和风险评估质量

建立健全重大行政决策事项法律咨询制度，在重大事项决策前，进行法律咨询和论证。研究建立税务机关行政决策咨询论证专家库，组织专家、专业机构对专业性、技术性较强的决策事项进行论证。选择论证专家应当注重专业性、代表性、均衡性，支持其独立开展工作。逐步实行专家信息和论证意见公开。落实重大行政决策事项社会稳定风险评估机制。

14. 加强合法性审查

建立税务机关内部重大决策合法性审查机制，讨论、决定重大事项之前，应当听取法律顾问、公职律师的法律意见。依照有关规定应当听取法律顾问、公职律师的法律意见而未听取的事项，或者法律顾问、公职律师认为不合法的事项，不得提交讨论、作出决定。对应当听取法律顾问、公职律师的法律意见而未听取，应当请法律顾问、公职律师参加而未落实，应当采纳法律顾问、公职律师的法律意见而未采纳，造成重大损失或者严重不良影响的，依法追究税务机关主要负责人、负有责任的其他领导人员和相关责任人员的责任。

15. 坚持集体讨论决定

重大行政决策事项应当经会议集体讨论，由税务机关主要负责人在集体讨论基础上作出决定。主要负责人拟作出的决定与会议组成人员多数人的意见不一致的，应当在会上说明理由。集体讨论情况和决定应当如实记录、完整存档。

16. 严格决策责任追究

决策机关应当跟踪决策执行情况和实施效果，根据实际需要进行重大行政决策后评估。健全并严格实施重大行政决策事项终身责任追究制度及责任倒查机制，对决策严重失误或者依法应该及时作出决策但久拖不决造成重大损失、恶劣影响的，严格追究税务机关主要负责人、负有责任的其他领导人员和相关责任人员的党纪政纪和法律责任。

（四）坚持严格规范公正文明执法

17. 改革税收行政执法体制

优化各层级税务机关征管职责，完善税务稽查机构设置，根据不同层级税务机关的事权和职能，按照减少层次、整合队伍、提高效率、适当提升管理层级的原则，合理配置执法资源。进一步优化基层税务机关岗责体系，科学定岗定责定编，提高编制使用效益，实现人力资源向征管一线倾斜。

18. 推进税收业务和内部管理规范化

落实和完善纳税服务规范、税收征管规范、出口退（免）税管理规范、国税地税合作工作规范、政府采购工作规范、巡视工作规范、税务稽查规范、督察审计规范等。推行数字人事，完善干部考核管理体系。

19. 完善税收执法程序

制定实施全国统一的税务行政处罚裁量权适用规则，推动省国税局和省地税局联合制定本地区统一适用的税务行政处罚裁量基准。探索扩大规范税务行政裁量权的领域。健全税收执法调查取证、告知、听证、集体讨论、决定、文书送达等制度规定。建立执法全过程记录制度，重点规范税款征收、行政许可、行政处罚、行政强制、行政检查等执法行为。严格实施重大税务案件审理办法。完善重大税收执法决定法制审核制度，未经法制审核或审核未通过的，不得作出执法决定。健全税务行政执法与刑事司法衔接机制，完善信息共享、案情通报、案件移送制度。建立完善公安派驻税务部门联络机制。修订和规范税收执法文书。

20. 创新税收执法方式

深入推进税务稽查随机抽查，建立健全“双随机、一公开”机制，确保稽查执法公正公平公开。推行重大税收执法说明理由制度和行政执法公示制度。建立和实施税务行政执法案例指导制度。探索运用行政指导、行政奖励、说服教育、调解疏导、劝导示范等非强制性执法手段。推进跨区域国税、地税信息共享、资质互认、征管互助，不断扩大区域税收合作范围。

21. 加强税收执法信息化建设

全面完成金税三期工程建设任务，实施“互联网+税务”行动计划，建设电子税务局，2017 年基本实现网上办税。深入推进信息管税，研究建立适应综合与分类相结合的个人所得税制等改革需要的信息系统，推广使用增值税发票管理新系统，建立统一规范的信息交换平台和信息共享机制，保障及时获取第三方涉税信息。依法建立健全税务部门税收信息对外提供机制，加强数据管理，保障信息安全。

（五）强化权力制约和监督

22. 完善权力制约机制

实行分事行权、分岗设权、分级授权，定期轮岗，强化内部流程控制，防止权力滥用。严格执行税收个案批复工作规程，规范税收个案批复行为。建立和实施税收执法案卷评查制度。规范税务机关税收政策咨询服务。推进内控机制信息化升级版建设，对税务廉政风险进行评估，查找和梳理风险点，依靠科技手段把制度要求嵌入软件设计，做到流程监控、痕迹管理，实现廉政风险和执法风险的信息化防控。

23. 切实加强内部监督

各级税务机关党组应当切实履行党风廉洁建设和反腐败工作的主体责任，主要负责人是第一责任人，对本税务机关党风廉洁建设负总责。强化政治巡视，发挥巡视监督作用。加强督察内审、督查等监督方式的协调配合。强化税收执法督察，推动中央决策部署和税收政策有效落实，重点关注易发生执法问题的薄弱环节。加强对预算执行、基本建设、政府采购等重点资金和重大项目的审计监督。严格执行税收违法案件“一案双查”制度。定期通报和曝光违法行政典型案例。

24. 自觉接受外部监督

依法接受人大监督、司法监督、审计监督，自觉接受民主监督、社会监督、舆论监督。健全纳税人监督机制，完善举报投诉制度，拓宽纳税人监督渠道，落实纳税人满意度调查制度。发挥报刊、广播、电视等传统媒体监督作用，高度重视互联网等新兴媒体监督作用，健全网络舆情监测、收集、研判、处置机制。

25. 完善纠错问责机制

深化税收执法责任制，以部门规章形式修订完善税收执法责任制的相关制度规定，在核准、公告、分解税收执法职权基础上，科学确定税收执法人员的执法责任，完善执法责任制考核系统，健全常态化责任追究机制。加强行政问责规范化、制度化建设，增强行政问责的针对性和时效性。加大问责力度、严格责任追究，坚决纠正行政不作为、乱作为，坚决克服懒政、庸政、怠政，坚决惩处失职、渎职。认真落实党风廉洁建设责任制，坚持有错必纠、有责必问。

（六）完善权利救济和纠纷化解机制

26. 加强纠纷预防机制建设

建立健全利益表达和协商沟通等机制，引导和支持纳税人理性表达诉求、依法维护权益。探索建立涉税纠纷预警机制，收集、分析和归纳纠纷信息，及时研判纠纷隐患，制定纠纷应对措施。

27. 完善复议应诉工作体制机制

税务总局设立专门的税务行政复议机构，省国税局应当明确承担税务行政复议职责的机构，加强行政复议工作力量，保证一般案件至少有 2 人承办，重大复杂案件有 3 人承办，省地税局可以比照执行。完善税务行政复议案件审理机制，加大公开听证审理力度，增强行政复议的专业性、透明度和公信力。建立行政复议相关部门协同应对机制，健全行政复议发现问题回应机制。落实行政复议专项经费、办案场所以及其他装备保障，行政复议经费列入预算。制定加强和改进税务行政应诉工作的实施办法，适时修订《税务行政应诉工作规程（试行）》，建立健全税务机关负责人依法出庭应诉等制度，支持法院审理税务行政诉讼案件，尊重并执行生效裁判。

28. 健全多元化纠纷解决机制

深入研究税务行政和解调解制度，实现调解和解、行政复议、行政诉讼等纠纷解决方式有机衔接、相互协调。促进投诉管理规范化，畅通纳税人投诉渠道，建立纳税人以及第三方对税收工作质量定期评价反馈制度，对部分投诉事项实行限时受理、处置和反馈。推进信访办理法治化，规范信访工作程序，实行网上受理信访制度，严格实行诉访分离，推进通过法定途径分类处理信访投诉请求，落实涉法涉诉信访依法终结制度。

（七）全面推进政务公开

29. 拓展公开领域和事项

全面落实《国家税务总局关于全面推进政务公开工作的意见》，加大税务行政权力公开力度，做好税收政策法规公开，完善税收征管执法公开内容，扩大纳税服务公开范围，推进税务机关自身建设公开，增强税务机关公信力、执行力，保障纳税人和社会公众的知情权、参与权、表达权、监督权，推动税收执法权和行政管理权在阳光下运行。

30. 完善公开工作制度机制

健全完善税务部门政务信息公开监督保障机制，规范依申请公开对外答复和内部办理机制，强化对政务公开工作的考评监督。落实政府新闻发言人、突发事件信息发布等制度，做好对涉税热点敏感问题的舆论引导，及时回应社会关切。探索推行政务公开运转规范，包括政务公开工作场所建设标准、政府信息依申请公开答复范本、网站信息发布标准要求等。

31. 加强公开载体建设

利用和整合相关资源，积极运用新技术、新软件、新平台，创新政府公开方式，拓展政务公开渠道。加快推进“互联网+税务”行动计划，将税务网站打造成更加全面的信息公开平台、更加权威的政策发布解读和舆论引导平台、更加及时的回应关切和便民服务平台。充分发挥新媒体的主动推送功能，扩大发布信息的受众面和到达率，开展在线服务，增强用户体验和影响力。

（八）增强全社会税收法治观念

32. 提升税务机关领导干部法治理念

按照中组部、中宣部、司法部、人力资源和社会保障部《关于完善国家工作人员学法用法制度的意见》，建立税务机关领导干部学法用法制度，制定实施领导干部年度学法计划，落实党组中心组集体学法、党组书记带头讲法治课等要求。各级税务机关在年度教育培训计划中，每年至少安排1期领导干部法治专题培训班。省以下税务局领导班子每年至少举办两次法治讲座。建立健全领导干部法律知识考试考核制度，按照干部管理权限，采取多种形式，加强对领导干部法律知识的考试考核，逐步建立和完善领导干部学法考勤、学法档案、学法情况通报等制度，把法律素质和依法行政能力作为领导干部考核的重要内容，定期对领导干部完成年度或阶段性学法情况、法律知识考试情况和遵纪守法、依法行政、依法办事等情况进行考核。

33. 增强税务人员法治意识

把宪法、法律作为各类税务人员培训的必修课程。健全税收执法人员岗位培训制度，每年组织开展通用法律知识、税收法律知识、新法律法规等专题培训。加大公务员初任培训中法律知识培训力度，法律知识培训不少于20学时。积极探索运用以案说法、模拟法庭、法律知识竞赛等创新方式提高学法热情，提升培训效果。

34. 加强税法宣传教育

落实“谁执法谁普法”的普法责任制，建立税收执法人员以案释法制度。全面实施“七五”普法。在国家宪法日、税收宣传月等重要节点，集中开展税收法治宣传活动。依托办税服务厅、税务网站、税务报刊图书、纳税人学堂等渠道和方式，实现税法宣传常态化、多样化。支持税法理论研究，推进税法教育纳入国民教育体系。着力抓好税收法治文化建设。开展税收普法示范基地建设。

35. 引导形成诚信纳税氛围

创新方式方法发挥税务机关在诚信纳税建设中的示范作用。

积极推动社会信用体系建设，开展纳税信用评价，向社会主动公开A级和“黑名单”纳税人，对纳税信用好的纳税人依法提供更多便利，对纳入“黑名单”的纳税人依法实施联合惩戒。加强宣传，形成正向激励和反向警示的双向合力，为诚信纳税营造良好氛围。

36. 促进税收社会共治

推动建立健全党政领导、税务主责、部门合作、社会协同、公众参与的税收共治格局。支持以地方立法等形式加强协税护税制度建设，努力提升综合治税水平。推动健全税收司法保障机制。依法实施涉税中介行业监督管理，支持和引导行业协会依法开展行业自律，鼓励相关中介机构提供优质涉税专业服务。坚决整治“红顶中介”，切断税务部门与涉税中介服务机构之间的利益链条，促进涉税中介服务行业公平竞争。

（九）加强税收法治工作队伍建设

37. 健全税务机关法制机构

合理界定税务机关法制机构职责，突出税收法制工作主业。加强法制机构力量配备，强化法制机构人员保障，省国税局应当配强专业力量，市国税局应当配足专职人员，县国税局应当设置法制机构，各级税务机关法制机构要有一定数量的法律专业人员。各级地税局可以比照执行。

38. 完善税收执法人员管理制度

2016年底前，对税收执法人员进行一次严格清理，全面实行税收执法人员持证上岗和资格管理制度，未经执法资格考试合格，不得授予执法资格，不得发放税务检查证，不得从事执法活动。研究制定《税务人员执法资格认证和执法证件管理办法》。结合数字人事管理体系建设，逐步推行行政执法人员平时考核制度，科学合理设计考核指标体系，考核结果作为执法人员职务级别调整、交流轮岗、教育培训、奖励惩戒的重要依据。规范执法辅助人员管理，明确其适用岗位、身份性质、职责权限、权利义务、聘用条件和程序等。

39. 加强税收法治人才培养和使用

根据中央《关于完善国家统一法律职业资格制度的意见》，研究落实相关岗位人员法律职业资格管理要求，加大对具有法律职业资格人员的录用力度，鼓励税务干部考取法律职业资格。结合税务领军人才和专门人才选拔培养等工作，进一步加强税收法治人才培养，探索推进税收法治领军人才建设。

40. 健全法律顾问和公职律师制度

全面建立以税务机关法制机构人员为主体，吸收专家和律师参加的法律顾问队伍，建立健全税务系统公职律师制度，处理好法律顾问与公职律师之间的衔接，充分发挥法律顾问和公职律师在推进依法行政中的参谋助手作用。

（十）健全依法治税领导体制机制

41. 加强依法行政工作领导小组建设

各级税务机关按照要求建立依法行政工作领导小组并制定议事规则，建立和落实领导小组例会制度，领导小组每季度至少召开 1 次会议，研究部署依法治税工作规划，统筹推进法治税务建设重点任务。

42. 树立重视法治素养和法治能力的用人导向

根据中央有关规定，充分发挥用人导向作用，把法治观念强不强、法治素养好不好作为衡量干部德才的重要标准，把能不能遵守法律、依法办事作为考察干部重要内容。在相同条件下，优先提拔使用法治素养好、依法行政能力强的干部。对特权思想严重、法治观念淡薄的干部予以批评教育、督促整改，问题严重或违法违纪的，依法依纪严肃处理。加强对领导干部任职前法律知识考查和依法行政能力测试，将考查和测试结果作为领导干部任职的重要参考。实行公务员晋升依法行政考核制度。

43. 建立税收法治建设政绩考核制度

根据中央有关要求，把法治建设成效作为衡量各级税务机关领导班子和领导干部工作实绩的重要内容，纳入政绩考核指标体系，改进完善政绩考核办法，提高法治指标所占比重。

44. 探索创新依法治税体制机制

开展省以下税务局设立总法律顾问试点工作，在总结试点经验基础上完善相关制度办法，逐步推广。实行税务机关领导班子成员述职述廉述法，鼓励主要负责人分管法治工作，倡导主要负责人出庭应诉。适时选择基层税务机关开展依法治税综合试点。

三、组织实施

（一）组织领导

各级税务机关应当充分发挥依法行政工作领导小组职能作用，落实主要领导负总责、分管领导具体抓、法规部门组织协调、相关部门各尽其职、齐抓共管的工作要求。各级税务机关主要负责人应当切实履行推进依法治税第一责任人职责。县以上（含县）税务局每年第一季度应当向上一级税务局报告上一年度法治税务建设情况，报告应当通过税务机关门户网站等向社会公开。

（二）宣传引导

广泛宣传税务系统全面推进依法治税工作部署、先进经验、典型做法，营造良好舆论环境。全面开展法治税务示范基地创建活动，税务总局、省税务局分别命名全国税务系统、省税务系统法治税务示范基地，及时总结、交流和推广法治税务示范基地创建工作经验，发挥先进典型的示范带动作用。

（三）督促考核

各省税务局应当根据本规划制定实施方案，结合实际细化工作任务、明确责任部门、列明进度安排，并于 2016 年 12 月底前上报税务总局（政策法规司）。各级税务机关应当将依法治税年度重点任务纳入绩效管理，把任务和责任分解到相关部门，强化考核评价和督促检查，确保依法治税工作取得扎实成效。

税收法治宣传教育第七个五年规划

国家税务总局关于印发《税收法治宣传教育第七个五年规划（2016-2020 年）》的通知

税总发〔2016〕134 号

各省、自治区、直辖市和计划单列市国家税务局、地方税务局，局内各单位：

在党中央、国务院的坚强领导下，按照全面实施依法治国的重大方略，全国税务系统“六五”普法工作成效显著，以宪法为核心的中国特色社会主义法律体系得到深入宣传，税收法律法规知识进一步普及，各级税务机关依法治税水平明显提高，纳税人税法遵从度进一步提升，有力地推动了税收事业的健康发展。

为进一步落实依法治国基本方略，根据《中共中央 国务院转发〈中央宣传部、司法部关于在公民中开展法治宣传教育的第七个五年规划（2016-2020年）〉的通知》，以及《全国人大常委会关于开展第七个五年法治宣传教育的决议》精神，结合税务部门实际，国家税务总局制定了《税收法治宣传教育第七个五年规划（2016-2020年）》，现印发给你们，请认真贯彻执行。

国家税务总局

2016年9月7日

为贯彻依法治国基本方略，落实《中央宣传部、司法部关于在公民中开展法治宣传教育的第七个五年规划（2016-2020年）》，广泛开展法治宣传教育，进一步推广普及税收法律知识，健全税收普法宣传机制，提高纳税人税法遵从度，推进税收现代化建设，发挥税收对“十三五”时期经济社会发展的促进作用，制定本规划。

一、税收法治宣传教育的总体要求

（一）指导思想

全面贯彻党的十八大和十八届三中、四中、五中全会精神，以马克思列宁主义、毛泽东思想、邓小平理论、“三个代表”重要思想、科学发展观为指导，深入贯彻习近平总书记系列重要讲话特别是对法治宣传工作的重要指示精神，按照“七五”普法规划的总体部署，认真落实《深化国税、地税征管体制改革方案》，坚持税收法治宣传教育与推进依法行政、优化纳税服务、加强税收管理相结合，充分发挥税收法治宣传教育在全面推进依法治税过程中的基础性作用，为“十三五”时期经济社会发展营造良好的税收法治环境。

（二）主要目标

通过深入开展税收法治宣传教育，使全社会税收法治观念明显增强，税收法律知识深度普及，普法宣传机制稳步健全，税务人依法行政能力全面提升，纳税人税法遵从度全面提高，社会税收共治全面推进，进一步形成崇尚税收法治的社会氛围。

（三）工作原则

——坚持围绕中心，服务大局。围绕党中央、国务院重要部署，结合税收改革发展重大任务，把税收法治宣传教育贯穿依法治税全过程，推动税收现代化建设，增强税收在国家治理中的基础性、支柱性、保障性作用。

——坚持创新宣传，注重实效。总结经验，把握规律，推动税收法治宣传教育工作理念、机制、载体和方式方法创新，提高宣传教育的针对性和实效性。

——坚持分类指导，突出重点。根据不同地区、行业及不同对象的实际和特点，分类实施税收法治宣传教育，从税务人、纳税人和社会公众三个方面着力提高税法遵从水平。

——坚持学用结合，普治并举。落实税收法定原则，把税收法治宣传教育融入到依法行政、诚信经营、社会共治中，使公民在参与税收法治实践中接受税法教育，增强税法意识。

二、全面增强税务人依法行政能力

（一）推动税务干部学法用法

抓住税务系统领导干部这个“关键少数”，健全领导干部日常学法机制，深入学习贯彻习近平总书记关于全面依法治国的重要讲话精神，突出学习宣传宪法，深入宣传中国特色社会主义法律体系，深入学习宣传党内法规，自觉做带头学法、模范守法、严格执法的模范。健全税务人员学法用法培训制度，把税收法治宣传教育作为干部教育培训重点内容，开展通用法律知识、税收法律知识、廉政知识等专题培训，积极运用以案说法、税法知识竞赛等形式提高干部学法用法热情，增强依法行政能力。完善学法用法监督考核机制，坚持把依法依规办事作为检验税务人员学法用法成果的重要标准，把尊法学法守法用法情况作为考核税务干部的重要内容。

（二）促进税务部门依法决策

树立依法行政理念，提高领导干部依法决策的意识，确保决策内容、决策程序于法有据，依法进行。把公众参与、专家论证、风险评估、合法性审查、集体讨论决定确定为重大行政决策法定程序，确保决策制度科学、程序正当、过程公开、责任明确。培育依法行政制度文化，健全完善重大决策合法性审查机制、税收法律顾问制度、税务系统公职律师制度等一系列制度，为依法决策、科学决策、民主决策提供制度保障。

（三）规范税务人员执法行为

提高税务人员的法律素养和道德修养，树立阳光执法、文明执法理念，推进税收执法程序规范。严格落实税务执法人员持证上岗和资格管理制度，未经执法资格考试合格，不得授予执法资格，不得从事执法活动。大力宣传和落实纳税服务规范、税收征管规范、出口退（免）税管理规范、国税地税合作规范等税收工作规范，推动税收管理服务规范化。按照简政放权、放管结合、优化服务要求，全面梳理税务部门权责清单，清理规范权责事项，并向社会公告。规范税务行政裁量权，创新税收执法方式，推行说理式执法。

（四）推进政务阳光透明

坚持以公开为常态、不公开为例外原则，依法推进决策公开、执行公开、管理公开、服务公开、结果公开。不断拓展公开领域和事项，加大税务行政权力公开力度，做好税收政策法规公开，完善税收征管执法公开内容，扩大纳税服务公开范围，推进税务机关自身建设公开。完善公开工作制度机制，落实税收政策和解读稿同步起草、同步审批、同步发布的“三同步”要求，做好对涉税热点敏感问题的舆论引导，及时回应社会关切，依法保障人民群众知情权、参与权和监督权。加强公开载体建设，加快推进“互联网+税务”行动计划，将税务网站、“两微一端”打造成更加全面的信息公开平台、更加权威的政策发布解读和舆论引导平台、更加便利的回应社会关切和办税服务平台。

三、全面提高纳税人税法遵从水平

（一）增进纳税人权利与义务对等观念

积极宣传税收法律法规赋予纳税人的权利和义务，重点宣传纳税人享有的权利，包括申请减免税、延期申报纳税，申请行政复议权、提起行政诉讼、检举权和取得赔偿权等，使纳税人全面、准确了解其在履行法定纳税义务的同时应享有的法定权利，培养纳税人权利与义务对等的现代法治观念，切实增强纳税人的责任意识和维权意识，更好地保护纳税人的合法权益。

（二）加强税收法律政策解读

认真倾听纳税人呼声，利用大数据分析，准确把握纳税人合理需求，广泛宣传税收法律法规，着重加强税收政策解读工作。对不同行业、不同类型、不同地区的纳税人，通过纳税人学堂、办税服务厅、12366 纳税服务热线解答咨询、举办专题培训班、发放税法知识读本等多种形式，多角度、分层次开展税收法律、税收政策、税收业务等方面的宣传辅导，在第一时间对重要或新出台的税收法律政策进行解读，为纳税人提供统一、规范、权威的政策解读服务，帮助纳税人正确理解税法、遵守税法，切实提高纳税人的税法遵从水平。

（三）提高纳税人诚信纳税意识

突出加强对企业经营管理人员、财务人员的税法宣传教育，引导公民树立诚信经营、依法纳税意识。建立促进诚信纳税机制，完善纳税信用管理办法和税收违法“黑名单”制度，主动公开 A 级纳税人和“黑名单”纳税人，落实联合激励和联合惩戒措施，加大奖优罚劣的信用评价结果应用，让诚信守法者畅行无阻，让失信违法者寸步难行，用纳税信用推动税收管理创新，促进社会信用体系建设。加大对涉税案件的公开曝光力度，定期向社会公布一些定性准确、影响面大的涉税违法犯罪典型案例，震慑涉税违法犯罪分子。

四、全面推进社会税收共治

（一）推进构建税收共治格局

健全完善党政领导、税务主责、部门合作、社会协同、公众参与的税收法治宣传教育工作机制。各级税务机关要主动争取地方党委政府的支持，把税收法治宣传教育纳入当地普法工作体系。要加强与当地宣传、文化、法制等部门协调配合，加快税收普法教育基地创建活动，落实《国家税务总局 司法部关于开展全国税收普法教育示范基地建设活动的通知》（税总发〔2016〕117号）要求，组织税法普及教育实践活动。要积极协同教育部门，把税收法治教育纳入国民教育体系，制定青少年税收法治教育大纲，充分利用第二课堂和社会实践，增强青少年税收法治观念。要注重发挥各社会团体和行业协会的作用，鼓励和引导高校、会计师事务所、税务师事务所和志愿者广泛参与，调动各方面积极因素推进法治宣传。

（二）开展税法宣传教育活动

坚持集中性宣传与日常性宣传相结合，普及与群众利益、日常生活密切相关的税收法律法规，增进公民对税收工作的理解和共识，促进社会纳税遵从。组织开展税收宣传月、“12·4”国家宪法日暨全国法制宣传日等集中宣传活动。深化税收法治宣传进机关、进乡村、进社区、进学校、进企业、进单位的“六进”主题活动。结合社会关切和社会热点，举办税收法律、法规专题讲座。繁荣税收文化法治作品创作推广，广泛开展群众性税收文化宣传活动。

（三）选树模范守法典型

通过各种形式，积极适应社会大众的税收法治文化需求，在全社会大力培植诚信纳税、模范守法典型，加强税收法治宣传舆论引导，发挥先进典型的带动作用，弘扬社会主义法治精神，提高全社会对税收法律的认知度。加大税收法制模范守法典型宣传内容原创力度，提高先进典型宣传作品的可视性，在充分利用电视、广播、报刊杂志等传统媒体的基础上，广泛运用互联网传播平台，多形式、多角度增强税收法治宣传教育的感染力和影响力。

五、完善税收法治宣传教育保障

（一）加强组织领导

各级税务机关要进一步统一思想，提高认识，把税收普法工作作为法治宣传的重点，摆上重要议事日程，加强组织协调，制定路线图、时间表和任务书，进一步细化工作目标、具体措施、工作标准和完成时限，确保各项工作落到实处。

（二）加强阵地建设

要积极开展税收普法教育基地建设，争创全国税收普法教育示范基地。要充分利用电视、广播、报纸、期刊等主流媒体的影响力和辐射优势，办好法治宣传专栏、专题节目、公益广告等特色栏目，积极引导社会税收法治风尚；要强化办税服务厅窗口作用，加强 12366 纳税服务热线建设，开展好面向纳税人的咨询服务、纳税辅导；要充分发挥门户网站及“两微一端”等新媒体主动推送功能，推进“互联网+税务”行动，拓展利用微电影、动漫、文学作品等多种宣传方式，扩大税法宣传的受众面和普及率，增强用户体验和影响力。

（三）加强基础保障

各级税务机关要对税收法治宣传重点项目优先予以立项，进一步强化经费保障。进一步加强法治宣传教育队伍建设，鼓励引导司法执法人员、法律服务人员、大专院校法律专业师生加入普法志愿者队伍，充实和加强法治宣传工作专业力量。要按照国税地税合作规范要求，加强双方协调配合，积极整合宣传资源，形成税收法治宣传合力。

（四）加强责任落实

实行“谁执法谁普法”的普法责任制，强化责任落实，将法治宣传教育工作纳入绩效管理和督查督办。对任务落实进度和效果进行绩效考评，健全限期报告、调查复核、情况通报、责任追究和督查调研等工作督查督办制度，确保税收法治宣传教育工作任务落地生效。

水资源税改革试点暂行办法

财政部　国家税务总局　水利部关于印发
《水资源税改革试点暂行办法》的通知

财税〔2016〕55号

河北省人民政府：

根据党中央、国务院决策部署，自2016年7月1日起在你省实施水资源税改革试点。现将《水资源税改革试点暂行办法》印发给你省，请遵照执行。

请你省按照本通知要求，切实做好水资源税改革试点工作，建立健全工作机制，及时制定实施方案和配套政策，精心组织、周密安排，确保改革试点顺利进行。对试点中出现的新情况新问题，要研究采取适当措施妥善加以解决。重大政策问题及时向财政部、国家税务总局、水利部报告。

中华人民共和国财政部
国家税务总局
中华人民共和国水利部
2016 年 5 月 9 日

第一条 为促进水资源节约、保护和合理利用，根据党中央、国务院决策部署，制定本办法。

第二条 本办法适用于河北省。

第三条 利用取水工程或者设施直接从江河、湖泊（含水库）和地下取用地表水、地下水的单位和个人，为水资源税纳税人。

纳税人应按《中华人民共和国水法》、《取水许可和水资源费征收管理条例》等规定申领取水许可证。

第四条 水资源税的征税对象为地表水和地下水。

地表水是陆地表面上动态水和静态水的总称，包括江、河、湖泊（含水库）、雪山融水等水资源。

地下水是埋藏在地表以下各种形式的水资源。

第五条 水资源税实行从量计征。应纳税额计算公式：

应纳税额=取水口所在地税额标准×实际取用水量。

水力发电和火力发电贯流式取用水量按照实际发电量确定。

第六条 按地表水和地下水分类确定水资源税适用税额标准。

地表水分为农业、工商业、城镇公共供水、水力发电、火力发电贯流式、特种行业及其他取用地表水。地下水分为农业、工商业、城镇公共供水、特种行业及其他取用地下水。

特种行业取用水包括洗车、洗浴、高尔夫球场、滑雪场等取用水。

河北省可以在上述分类基础上，结合本地区水资源状况、产业结构和调整方向等进行细化分类。

第七条 对水力发电和火力发电贯流式以外的取用水设置最低税额标准，地表水平均不低于每立方米 0.4 元，地下水平均不低于每立方米 1.5 元。

水力发电和火力发电贯流式取用水的税额标准为每千瓦小时 0.005 元。

具体取用水分类及适用税额标准由河北省人民政府提出建议，报财政部会同有关部门确定核准。

第八条 对取用地下水从高制定税额标准。

对同一类型取用水，地下水水资源税税额标准要高于地表水，水资源紧缺地区地下水水资源税税额标准要大幅高于地表水。

超采地区的地下水水资源税税额标准要高于非超采地区，严重超采地区的地下水水资源税税额标准要大幅高于非超采地区。在超采地区和严重超采地区取用地下水（不含农业生产取用水和城镇公共供水取水）的具体适用税额标准，由河北省人民政府在非超采地区税额标准 2-5 倍幅度内提出建议，报财政部会同有关部门确定核准；超过 5 倍的，报国务院备案。

城镇公共供水管网覆盖范围内取用地下水的，水资源税税额标准要高于公共供水管网未覆盖地区，原则上要高于当地同类用途的城市供水价格。

第九条 对特种行业取用水，从高制定税额标准。

第十条 对超计划或者超定额取用水，从高制定税额标准。除水力发电、城镇公共供水取用水外，取用水单位和个人超过水行政主管部门批准的计划（定额）取用水量，在原税额标准基础上加征 1-3 倍，具体办法由河北省人民政府提出建议，报财政部会同有关部门确定核准；加征超过 3 倍的，报国务院备案。

第十一条 对超过规定限额的农业生产取用水，以及主要供农村人口生活用水的集中式饮水工程取用水，从低制定税额标准。

农业生产取用水包括种植业、畜牧业、水产养殖业、林业取用水。

第十二条 对企业回收利用的采矿排水（疏干排水）和地温空调回用水，从低制定税额标准。

第十三条 对下列取用水减免征收水资源税：

（一）对规定限额内的农业生产取用水，免征水资源税。

（二）对取用污水处理回用水、再生水等非常规水源，免征水资源税。

（三）财政部、国家税务总局规定的其他减税和免税情形。

第十四条 水资源税由地方税务机关依照《中华人民共和国税收征收管理法》和本办法有关规定征收管理。

第十五条 水资源税的纳税义务发生时间为纳税人取用水资源的当日。

第十六条 水资源税按季或者按月征收，由主管税务机关根据实际情况确定。不能按固定期限计算纳税的，可以按次申报纳税。

第十七条 在河北省区域内取用水的，水资源税由取水审批部门所在地的地方税务机关征收。其中，由流域管理机构审批取用水的，水资源税由取水口所在地的地方税务机关征收。

在河北省内纳税地点需要调整的，由省级地方税务机关决定。

第十八条 按照国务院或其授权部门批准的跨省、自治区、直辖市水量分配方案调度的水资源，水资源税由调入区域取水审批部门所在地的地方税务机关征收。

第十九条 建立地方税务机关与水行政主管部门协作征税机制。

水行政主管部门应当定期向地方税务机关提供取水许可情况和超计划（定额）取用水量，并协助地方税务机关审核纳税人实际取用水的申报信息。

纳税人根据水行政主管部门核准的实际取用水量向地方税务机关申报纳税，地方税务机关将纳税人相关申报信息与水行政主管部门核准的信息进行比对，并根据核实后的信息征税。

水资源税征管过程中发现问题的，地方税务机关和水行政主管部门联合进行核查。

第二十条 河北省开征水资源税后，将水资源费征收标准降为零。

第二十一条 水资源税改革试点期间，水行政主管部门相关经费支出由同级财政预算统筹安排和保障。对原有水资源费征管人员，由地方政府统筹做好安排。

第二十二条 河北省人民政府根据本办法制定具体实施办法，报国务院备案。

第二十三条 水资源税改革试点期间涉及的有关政策，由财政部、国家税务总局研究确定。

第二十四条 本办法自2016年7月1日起实施。

交通和车辆税费改革实施方案

国务院批转财政部、国家计委等部门

《交通和车辆税费改革实施方案》的通知

国发〔2000〕34号

各省、自治区、直辖市人民政府，国务院各部委、各直属机构：

国务院同意财政部、国家计委、国家经贸委、公安部、建设部、交通部、税务总局、工商局、国务院法制办、国务院体改办、中国石油天然气集团公司、中国石油化工集团公司制定的《交通和车辆税费改革实施方案》（以下简称《方案》。现转发给你们，请认真贯彻执行。

第九届全国人大常委会第12次会议已审议通过了《中华人民共和国公路法》修正案，涉及交通和车辆税费改革的法律程序业已完成。为加快交通和车辆税费改革步伐，国务院决定于2001年1月1日先行出台车辆购置税。考虑到当前国际市场原油价格较高，为稳定国内油品市场，燃油税的出台时间，将根据国务院原油价格变动情况，由国务院另行通知。在车辆购置税、燃油出台前，各地区和有关部门要继续加强车辆购置附加费、养路费等国家规定的有关政府性基金和行政事业性收费的征管工作，确保各项收入的足额征缴。同时，要继续清理涉及交通和车辆的乱收费，落实已取消的收费项目，切实减轻社会各方面的负担。

实施交通和车辆税费改革，是进一步深化和完善财税体制下政府依法行政、依法理财、依法治税的必然要求。通过这项改革，有利于进一步规范政府行为，遏制各种乱收费，从根本上减轻企事业单位和人民群众的负担，合理筹集公路、城市道路、水路维护和建设资金，促进国民经济持续、快速、健康发展。这项改革涉及面广、政策性强，各地区、各部门要高度重视，顾全大局，加强领导，切实做好各项准备工作，抓好《方案》的组织实施，保证改革的顺利进行。

2000年10月25日

为治理公路、城市道路和水路“三乱”，从根本上减轻企事业单位和人民群众的经济负担，理顺税费关系，合理筹集交通基础设施维护和建设资金，特制定交通和车辆税费改革实施方案。

一、改革的指导思想和基本原则

我国现行交通基础设施维护、建设与车辆管理方面的行政事业性收费、政府性基金和政府性集资（以下统称“收费”），对于促进交通基础设施建设和相关事业发展，起到了一定作用。但是，由于利益机制和管理制度等方面的原因，当前收费征管中仍存在着许多亟待解决的问题，主要表现在：一是一些地方和部门越权和重复设立了企事业单位和人民群众的经济负担；二是收费稽征机构重叠设置，收费养人、养人收费的现象普遍存在，征收成本不断加大；三是收费负担不公平，不能体现多用路者多付费，少用路者少付费的原则；四是资金管理不规范，使用缺乏监督，坐支挪用等问题时有发生。因此，必须进行交通和车辆税费改革。

改革的指导思想是：根据发展社会主义市场经济的要求，进一步规范政府行为，继续深化和完善财税体制改革，正确处理税费关系，遏制各种乱收费。参照国际惯例，以税收为主体筹集交通基础设施维护和建设资金，促进汽车工业和道路、水路等相关事业的健康发展。

改革的基本原则是：第一，规范收费管理，取消不合法、不合理的收费项目，降低不合理的收费标准，从根本上减轻企事业单位和人民群众负担。第二，规范收入分配秩序，合理调节分配关系，建立科学的交通基础设施维护和建设投入的资金渠道。第三，多用路者多负担，少用路者少负担，鼓励节约能源和保护环境。第四，合理开征新税，进一步完善现行财税体制，增强国家财政宏观调控能力。

二、改革的主要内容

（一）取消不合法和不合理的收费项目

这类项目包括：地方和部门违反国家有关审批管理权限，越权设立的项目；以及虽按审批管理权限规定批准，但现已属于不合理的收费项目。具体项目由财政中会同国家计委向社会公布。各地区、中部门要层层建立和落实取消乱收费责任制，不得以任何理由直接或变相拖延甚至拒绝执行。凡是继续乱收费的，一经查出，要予以公开曝光，并追究有关地区和部门主要负责人和直接责任人的责任；对其非法所得一律没收上缴中央国库，并由中央财政按照查处乱收费金额一倍的数额，扣减对该地区的燃油税转移支付基数。公民、法人和其他社会组织有权拒交已取消的收费，有权举报乱收费行为，有权要求对乱收费造成的损失获得赔偿。

（二）将具有税收特征的收费实行“费改税”

具体是：开征车辆购置税取代车辆购置附加费；开征燃油税取代公路养路费、公路客货运附加费、公路运输管理费（包括海南省征收的燃油附加费用于公路养护、公路运输管理的收入部分，下同)、航道养护费（包括长江干线、黑龙江和内河，下同)、水路运输管理费、水运客货运附加费，以及地方用于公路、水路、城市道路维护和建设方面的部分收费。开征车辆购置税和燃油税后，相关收费同时废止。

(三) 将不体现政府行为的收费转为经营性收费，严格按照经营性收费的规定进行管理。具体项目由财政部、国家计委向社会公布，并由国家计委会同有关部门制定管理办法。

(四) 保留少量必要的规费，降低不合理的收费标准，实行规范化管理

保留的规费包括各级交通部门利用贷款或按照国家规定有偿集资修建公路、桥梁、隧道、渡口，以及各级建设部门利用贷款或按照国家规定有偿集资修建大型桥梁、隧道等，在还款期间收取的车辆通行费（过路费、过桥费、过隧道费、过渡费，下同)；各级交通部门贷款修建船闸收取的船舶过闸费；政府有关部门在交通和车辆管理过程中依法发放证照收取的机动车辆牌证(含行驶证) 工本费、机动车驾驶证工本费、船舶证明签证费、船员证书工本费、机动车辆安全检验费、船舶登记费、强制性（法定）的船舶检验收费、船舶港务费、港口建设费等。除此以外，任何地方和部门均不得设立与道路、水路维护和建设以及机动车辆、船舶管理有关的收费项目。

对保留的收费项目，由财政部会同国家计委重新向社会公布，并规范管理；收费标准由国家计委会同财政部重新核定，其中车辆通行费收费标准由省、自治区、直辖市人民政府重新核定，港口建设费收费标准由财政部会同国家计委、交通部重

新核定。收费标准过高的要降低，证书性工本费每证收费标准一般不得超过10元。实施收费时，要按照有关规定到指定的价格主管部门申领收费许可证，并按照隶属关系分别使用财政部或省、自治区、直辖市财政部门统一印（监）制的收费票据；收取的资金分别纳入同级财政预算或预算外资金财政专户，实行“收支两条线”管理。改革收费收取方式，根据不同情况，分别实行银行代收和主管部门收取等办法。

三、开征车辆购置税和燃油税

制定《中华人民共和国车辆购置税暂行条例》、《中华人民共和国燃油税暂行条例》及其征收管理办法，相应修订有关法规。

（一）车辆购置税

车辆购置税纳税人为购置和自产自用机动车辆的单位和个人。计税依据为应税机动车辆的组成计税价格或实行价格。计征方式为从价定率。征税环节为购车之后、办理车辆登记注册手续之前。免税范围包括外国驻华使领馆和国际组织驻华机构及其外交人员自用车辆，中国人民解放军和中国人民武装警察部队列入军队武器装备订货计划的车辆，设有固定装置的非运输车辆以及国务院规定的其他车辆。纳税人在办理车辆登记注册手续时，必须出示完税证明。车辆购置税税率在《中华人民共和国车辆购置税暂行条例》中另行规定。

车辆购置税为中央税，由国家税务局负责征收，税款缴入中央国库。

（二）燃油税

燃油税纳税人为中国境内汽油、柴油（以下简称汽柴油）

的生产、批发经营单位；无汽柴油生产、批发经营权进口汽柴油的单位；机动车辆用液化气、燃气（以下简称车用燃气）的零售单位。纳税环节为：有汽柴油生产、批发经营权的单位销售汽柴油给无汽柴油生产、批发经营权的单位的，在销售时纳税；无汽柴油生产、批发经营权的单位委托加工汽柴油的，在汽柴油交货环节纳税；无汽柴油生产、批发经营权进口汽柴油的单位进口汽柴油的，在报关进口环节纳税；有汽柴油生产、批发经营权的单位自用汽柴油的，在移送环节纳税；零售车用燃气的，在零售时纳税；自用车用燃气的，在移送环节纳税。计税依据为汽柴油或车用燃气的销售数量、委托加工数量、自用数量、报关进口数量。计征方式实行从量定额、价外征收。燃油税不作为增值税税基。免（退）税范围包括外国驻华使领馆和国际组织驻华机构及其外交人员自用的车用汽柴油、车用燃气；出口的未税汽柴油免税，已税汽柴油退税；国务院规定的其他减税、免税。燃油税税率在《中华人民共和国燃油税暂行条例》中另行规定。为保护环境，鼓励车辆使用清洁燃料，暂对车用燃气按应纳税额减半征收燃油税。

燃油（含车用燃气，下同）税为中央与地方共享税，由国家税务局组织征收。其中无燃油生产、批发经营权单位进口燃油税，在其报关进口时由海关负责征收。税款分别缴入中央国库和地方国库。

燃油税收入中央与地方分享办法是：对军队、武警部队、铁路、国家储备、农垦（包括兵团）等直供燃油征收的燃油税以及由海关征收的燃油税全部作为中央收入；其余燃油税收入，中央共享 40%，地方分享 60%。

开征燃油税后，对无燃油生产、批发经营权的经销企业和单位开征燃油税前购入库存的未税燃油，要核实数量，补征燃油税。

四、税收分配与安排使用

燃油税和车辆购置税收入具有专项用途，不作为经常性财政收入，不计入现有与支出挂钩项目的测算基数。

中央所得的燃油税收入，除返还中国石油天然气集团公司和中国石油化工集团公司（以下简称两大集团）所属原油及成品油生产企业生产工艺过程自用汽油、柴油缴纳的燃油税外，一部分用于弥补军队、武警部队、国家储备、铁路机车、中央农垦（包括兵团）农业田间作业用油，中央直属的煤炭、冶金等露天矿山企业生产用油和中央直属林业企事业单位营林、采伐生产用油等因征收燃油税增加的支出，用于长江干线航道养护、内河基础设施建设、沿海和内河船舶的更新改造、航道支持保障系统的船舶建造、航道基础设施维护和建设支出；另一部分按照适当考虑地方既得利益和兼顾公平与效率的原则，通过采用“基数加因素分配法”的转移支付方式分配给地方。具体办法由财政部另行制定，报国务院批准后实施。

地方所得的燃油税收入，除返还符合条件的地方所属原油及成品油生产企业生产工艺过程自用汽油、柴油缴纳的燃油税外，主要由地方用于公路、水路维护和建设及必要的运输管理支出，适当安排用于城市道路维护和建设，铁路与公路交叉无人看管道口的监护支出，补偿城市公共汽车用油（气）支出；补偿城市轮渡、地方铁路机车用油，地方所属的煤炭、冶金等露天矿山企业生产用油，林业企事业单位营林、采伐生产用油，农业田间作业用油，近海、内河、大型湖泊渔业捕捞用油等因征收燃油各增加的支出；承担中央在地方单位因征收燃油税需要补偿的部分支出，以及地方政府确定的其他补偿支出。对开征燃油税后农业田间作业等用油增加的负担，各省、自治区、直辖市人民政府要结合本地实际，采取相应补偿措施，认真落实补偿责任制，并将补偿办法报国务院备案，同时抄送国务院交通和车辆税费改革部际协调小组。按照国家有关规定，原养路费中有一定比例用于弥补交警经费，改征燃油税后，地方要从所得的燃油税收入中予以安排。具体分配使用办法由地方政府确定。

车辆购置税收入，由中央财政根据交通部提出、国家计委审批下达的公路建设投资计划，统筹安排，主要用于国道、省道干线公路建设。

根据国务院有关规定，水利建设基金从原有车辆购置附加费、养路费中各提取3%；中央财政每年从车辆购置附加费中安排3亿元用于老旧汽车更新改造。征收燃油税和车辆购置税后，中央和地方财政部门要按照税费改革前从车辆购置附加费和养路费中实际提取的水利建设基金数额，分别从车辆购置税和地方所得的燃油税收入中定额提取相应资金，用于水利基础设施建设；中央财政继续从车辆购置税收入中安排相应资金用于老旧汽车更新改造。取消一些收费项目后，公安交通管理等部门的有关经费，由各级财政部门予以合理安排。

五、改革的配套措施

（一）认真做好宣传解释工作

交通和车辆税费改革是整个税费改革的重要内容，对于从根本上治理“三乱”，切实减轻企事业单位和人民群众的负担，防止腐败，促进财税体制的进一步完善，具有十分积极的意义。各地区、各部门和各单位要讲政治，顾大局，统一认识，齐心协力，确保改革的顺利实施。要通过新闻煤体，采取多种形式，进行广泛宣传解释，使之得到社会各方面的理解和支持。

（二）做好加强税收征管的相关工作

1. 按照《国务院办公厅转发国家经贸委等部门关于清理整顿小炼油厂和规范原油成品油流通秩序意见的通知》（国办发〔1999〕38号）的要求，各省、自治区、直辖市人民政府和国务院有关部门要依法对成品油生产和经营企业进行清理整顿，取消不合格的生产经销企业的经营资格，并加大监督检查力度，巩固已经取得的成果。对清理整顿合格的加油站（点）必须安装税控装置或具有税控功能的加油机；同时，要在成品油零售过程中逐步推行集中配送、连锁经营。军队、武警部队等直供用户的加油站（点）清理整顿工作，由中国人民解放军总后勤部、中国人民武装警察部队分别与国家经贸委、税务总局共同负责。直供用户的自用加油站（点）统一发给“自用证”，不得对社会经营。

2. 调整成品油直供用户。除军队、武警部队、铁路、国家储备、农垦（包括兵团）等中央单位用油继续保留定点供应外，其他用户用油一律通过市场供应渠道供给。对保留定点供应的用户，其供应方式和价格暂按现行规定执行。成品油直供用户的具体管理办法，由国家计委会同有关部门另行制定。

3. 军队、武警部队、铁路、国家储备、农垦（包括兵团）

等直供用油额度计划，由国家计委会同财政部、税务总局核定下达；军队、武警部队、铁路机车、国家储备、中央农垦（包括兵团）农业田间作业用油因征收燃油税增加开支的补偿数额，由财政部实行总量控制。

4. 严厉打击油品走私活动。海关、工商、公安、税务、财政、外经贸等有关部门要密切配合，与地方政府共同采取有力措施，加大对各种油品走私的打击力度，依法从重从快处理油品走私案件。同时，要加强油品市场监管，严厉打击各种假冒伪劣油品与合同欺诈等违法行为。

（三）清理整顿各类公路、城市道路、水路收费站（卡），坚决撤销非法设置、已还完贷款（或有偿集资款）和经营期满的公路、城市道路、水路收费站（卡）

具体整顿工作由国务院有关部门和各省、自治区、直辖市人民政府负责。加强对公路、城市道路、水路收费站（卡）收取的车辆通行费、船舶过闸费的管理。凡国内外经济组织设立公路或城市道路经营企业收取车辆通行费，统一由省、自治区、直辖市物价部门会同交通或建设部门审核后，报同级人民政府审批，收费时要按照有关规定使用税务发票，依法纳税；凡交通、建设部门贷款或按照国家规定有偿集资修建路桥、隧道、渡口、船闸收取车辆通行费、船舶过闸费，收费项目由省、自治区、直辖市财政部门会同物价、交通或建设部门审核，收费标准由省、自治区、直辖市物价部门会同财政、交通或建设部门审核后，报同级人民政府审批，收费时要按照有关规定到指定的价格主管部门申领收费许可证，使用省、自治区、直辖市财政部门统一印（监）制的收费票据，所收资金全额纳入财政专户，实行“收支两条线”管理，不缴纳营业税等税收。

（四）清理整顿出租汽车等城市公共客货运输市场

按照《国务院办公厅转发建设部、交通部等部门关于清理整顿城市出租汽车等公共客运交通意见的通知》（国办发〔1999〕94号）的要求，针对当前出租汽车等城市公共客货运输市场存在的问题，认真进行清理整顿，为交通和车辆税费改革创造良好的外部环境。

（五）加快航运业结构调整步伐，整顿航运秩序

按照有关要求，调整航运业运力结构，切实解决动力结构性过剩的问题，促进航运业的健康发展。

（六）调整有关价格

征收燃油税后，一些专业运输企业和港口企业，包括出租汽车公司、长途客运公司、货运公司、港口装卸公司、水运公司等增加的负担，除通过取消有关收费项目减轻部分负担和自行消化一部分外，在市场条件允许的情况下，可以按照国家规定通过适当提高价格的办法解决。

（七）妥善安置现有交通和车辆收费稽征人员

要结合机构改革，对现有车辆购置附加费、公路养路费、公路运输管理费、水路运输管理费、航道养护费等稽征管理机构进行划转、撤并、精简，有关部门要合理安排下岗分流人员的安置费用。对下岗分流人员要进行专业技能定向培训，予以妥善安置；鼓励自谋职业，广开就业门路，实施再就业；暂时安置不了的，通过社会保障体系解决基本生活费用，维护社会稳定。

（八）规范交通基础设施维护、建设和行政管理资金的使用和管理

从我国实际情况出发，参照国际通行做法，在合理划分中央政府与地方政府在交通基础设施维护、建设和行政管理事权的基础上，按照资金分配和使用相分离，管理和监督相结合的原则，财政部门根据交通基础设施维护计划和计划部门下达的交通基础设施建设投资计划，负责编制预算和拨付资金，并实行国库集中支付，交通、建设部门负责资金的使用，审计部门负责对资金使用情况进行审计监督。具体办法由财政部会同交通部另行制定。有关交通基础设施建设投资计划和项目管理办法，由国家计委会同交通部、建设部另行制定。

六、改革的实施步骤

《中华人民共和国车辆购置税暂行条例》自2001年1月1日起实施。《中华人民共和国燃油税暂行条例》的出台时间，由国务院另行决定。

农村税费改革中央对地方转移支付暂行办法

财政部关于印发《农村税费改革中央对地方转移支付暂行办法》的通知

财预〔2002〕468号

各省、自治区、直辖市财政厅（局）：

为保证农村税费改革试点工作顺利进行，中央财

政通过转移支付方式对地方给予适当支持。现将《农村税费改革中央对地方转移支付暂行办法》印发给你们，请参照本办法并结合本地实际，制定省（自治区、直辖市）对下农村税费改革转移支付办法。

中华人民共和国财政部

二〇〇二年七月二十六日

为贯彻中共中央、国务院关于进行农村税费改革试点工作的精神，保证改革试点工作的顺利进行，达到预期目的，特制定本办法。

一、转移支付的必要性

实行农村税费改革，是规范农村税费制度，遏制面向农民的乱收费、乱集资、乱罚款和各种摊派，从根本上解决农民负担问题的一项重大措施。既有利于改善党群、干群关系，维护农村社会稳定，又有利于贯彻依法治国，推进农村基层政府转变职能，精简机构，促进农村经济的发展。随着农村税费改革的实施，农民负担将明显减轻，地方政府收入也将相应减少。对此，农村基层政府必须转变职能，精简机构，裁减冗员，大力节减经费开支。但是，完全依靠地方政府消化有一定难度，中央财政有必要通过转移支付方式，对地方给予适当支持，以推动农村税费改革的顺利实施。

二、转移支付的目标和原则

为保证农村税费改革的顺利进行，中央财政统筹考虑各地区提高农业税税率增收因素和取消乡镇统筹、降低农业特产税税率、取消屠宰税减收、调整村提留提取办法等因素，对地方净减收部分，通过转移支付给予适当补助。转移支付的目标是：确保农民负担得到明显减轻、不反弹，确保乡镇机构和村级组织正常运转，确保农村义务教育经费正常需要。

转移支付的原则是：

（一）统一与规范。对现行乡镇开支项目和标准进行合理界定，选取相关客观因素，按照统一公式测算各地区的乡镇标准支出需求。

（二）公正与合理。根据各地区的财力结构和财政困难程度，合理确定中央财政对不同地区的补助力度，适当照顾粮食主产区、少数民族地区和特殊困难地区。

（三）公开与透明。转移支付测算方法和考虑的客观因素公开，测算过程透明。

三、转移支付数额的确定

转移支付按照基层必不可少的开支和因政策调整造成的收入增减变化相抵后的净减收数额，并根据各地财政状况以及农村税费改革实施过程中各地不可预见的减收增支等因素计算确定。

转移支付额的确定，参照税费改革前各地区乡镇两级办学、计划生育、优抚、乡村道路修建、民兵训练、村级基本经费以及教育集资等统计数据，按照客观因素核定各地区上述各项经费开支需求和税费改革后地方减少收入额，根据中央对地方转移支付系数计算确定。转移支付额的计算公式为：

某地区转移支付额＝乡镇转移支付+村级转移支付+教育集资转移支付

其中：

该地区乡镇转移支付=（该地区乡村两级办学经费+该地区计划生育经费+该地区优抚经费+该地区乡村道路修建经费+该地区民兵训练费+其他统筹支出+该地区屠宰税减收+该地区农业特产税政策性减收+该地区农业税增收）×该地区转移支付系数

1. 乡村办学经费

乡村办学经费根据税费改革前乡镇统筹中安排的乡村两级办学经费总额、乡村个数、农村中小学生数以及相关开支水平等因素计算确定。

2. 计划生育经费

计划生育经费根据各地乡镇个数、育龄妇女人数等因素，并参考各地乡镇统筹费中安排的计划生育经费总额计算确定。

3. 优抚经费

优抚经费根据税费改革前乡镇统筹中安排的优抚经费总额，各地义务兵家属户数，伤残、复员和退伍军人人数及当地农民人均收入水平等因素计算确定。

4. 乡村道路修建经费

乡村道路修建经费根据税费改革前乡镇统筹中安排的乡村道路修建经费数额、乡村道路面积等因素计算确定。

5. 民兵训练经费

民兵训练经费根据税费改革前乡镇统筹费中安排的民兵训练费总额、各地民兵训练工作量及相关开支标准等因素计算确定。

6. 其他统筹支出

其他统筹支出按照前五项统筹的标准支出和全国其他统筹支出对五项统筹支出的比例确定。

7. 屠宰税减收额

屠宰税减收额根据屠宰税决算收入数确定。

8. 农业特产税减收额

农业特产税减收额根据农业特产税决算收入及其税率调整情况计算确定。

9. 农业税增收数

农业税增收数按照各地农业税计税常产、计税价格和改革后农业税税率计算确定。

10. 村级支出

补助村级支出数根据各地行政村个数、五保户人数、农民人均收入水平及转移支付系数等因素计算确定。

11. 教育集资支出

教育集资支出根据各地县镇、农村中小学生人数、乡镇和村行政区划数及转移支付系数等因素计算确定。

12. 转移支付系数

转移支付系数是指中央财政对农村税费改革转移支付的补助程度。各地的转移支付系数，根据农村税费改革前各地财力对农村税费的依赖程度和财政困难程度以及中央补助总规模计算确定。其中，各地财力对农村税费的依赖程度根据其农业税、农业特产税、屠宰税和乡镇统筹（以下简称农业税等四项收入）占其财力比重计算确定；各地财政困难程度参照其人员经费和基本公用经费占其财力的比重计算确定。民族省区的转移支付系数在按统一办法计算确定的转移支付系数基础上增加 0.05，非民族省区的民族自治州适当增加补助。转移支付系数的计算用公式表示：

某地区转移支付系数＝（该地区农业税等四项收入占其财力比重÷全国平均农业税等四项收入占地方财力比重×权重＋该地区人员经费和基本公用经费占其地方财力比重÷全国平均人员经费和基本公用经费占地方财力比重×权重）×中央财政负担系数

四、关于转移支付的配套措施

除中央财政转移支付外，试点地区省级财政和有条件的市、县财政，都要加大对改革试点的支持力度，通过调整支出结构，减少各种不必要的开支，千方百计安排足够资金支持农村税费改革。各地在制定具体办法时，要区别对待，对山区、库区、湖区以及少数民族地区给予照顾。各地制定的省对下转移支付办法要报财政部备案。

要切实做到“三个确保”。实行农村税费改革后，各地要严格执行党中央和国务院有关规定，除按政策规定收取农业税及其附加和国家政策规定的“一事一议”外，一律不得再向农民收费、集资和摊派；转移支付资金的使用要努力保证乡镇机构运转和农村义务教育经费正常需要。

要强化监督约束机制。各地不得截留、挪用中央转移支付资金，各级财政用于农村税费改革的资金必须确保专款专用。要加强对农民减负及教育等重点支出保障情况的监督检查。考核农村工作实行农民负担一票否决制，并实行责任追究制度。乡镇财政要实行政务公开制度，规范财政管理，节约财政开支，提高资金使用效益。要坚决取消村级招待费，加强村级财务管理，公开村级财务，实行年度审计。凡违反上述规定的，中央将相应扣减转移支付资金，并追究有关责任人员和领导者的责任。

本办法适用于实行农村税费改革试点的省（自治区、直辖市），由财政部负责解释。

附　录

农村税费改革省对市州转移支付办法

湖南省人民政府办公厅关于转发省财政厅
省农村税费改革办《农村税费改革
省对市州转移支付办法》的通知
湘政办发〔2002〕27号

各市、州、县人民政府，省政府各厅委、各直属机构：

省财政厅、省农村税费改革办制定的《农村税费改革省对市州转移支付办法》已经省人民政府同意，现转发给你们，请认真贯彻执行。

湖南省人民政府办公厅

二〇〇二年六月七日

为顺利推进农村税费改革，根据中央农村税费改革有关精神和《中共湖南省委、湖南省人民政府关于全面推行农村税费改革的通知》（湘发〔2002〕5号）规定，结合我省实际，特制定本办法。

一、转移支付的原则

农村税费改革后，对乡镇机构和村级组织出现的政策性收支缺口，在各地精简机构人员、调整支出结构。节减经费开支的基础上，省财政将通过转移支付办法给予适当补助，以维护乡镇基层政权组织正常运转和农村社会稳定，促进农村义务教育和农村经济发展。农村税费改革转移支付应遵循以下原则：

（一）统一规范的原则。对现行乡镇开支项目和标准进行合理界定，选取相关客观因素，按照统一规范的公式测算各市州所属乡镇、村标准支出需求。

（二）公开公正的原则。转移支付测算方法和考虑的客观因素公开；按照各地财政困难程度合理确定省对市州的补助。

（三）适当照顾的原则。省对少数民族地区和特殊困难地区等给予适当照顾。

二、转移支付额的确定

农村税费改革转移支付额根据税费改革前各市州乡村两级办学、计划生育、优抚、乡村道路修建、民兵训练、农村教育集资与村级基本支出等统计数据，按照因素法核定各市州上述各项经费开支的标准需求和税费改革后收入减少额以及省对市州转移支付系数计算确定。计算公式为：

某市州转移支付额=（该市州乡村两级办学经费+计划生育经费+优抚经费+乡村道路修建经费+民兵训练经费+教育集资支

出+补助村级基本支出+农业特产税政策性减收+屠宰税减收-农业税增收）×该市州转移支付系数。

（一）乡村两级办学经费

乡村两级办学经费根据税费改革前各市州农村中小学学生人数、乡镇村个数、农村人口密度、全省乡镇统筹中安排的乡村两级办学经费总额以及相关开支标准等因素计算确定。计算公式为：

某市州乡村两级办学经费=该市州分配率×全省乡村两级办学经费总额。

该市州分配率=该市州农村中小学学生人数占全省农村中小学学生人数的比重×权重+该市州乡镇村个数占全省乡镇村个数的比重×权重+修正值÷该市州农村人口密度占全省农村人口密度的比重×权重。

农村人口密度=农村人口数÷行政区划面积

修正值是指为计算方便和校正计算误差采用的换算常数(下同)。

（二）计划生育经费

计划生育经费根据各市州育龄妇女人数、乡镇个数、人口自然增长率和全省乡镇统筹中安排的计划生育经费总额等因素计算确定。计算公式为：

某市州计划生育经费=该市州分配率×全省计划生育经费总额。

该市州分配率=该市州育龄妇女人数占全省育龄妇女人数的比重×权重+该市州乡镇个数占全省乡镇个数的比重×权重+修正值÷该市州人口自然增长率占全省人口自然增长率的比重×权重。

（三）优抚经费

优抚经费根据税费改革前各市州在乡现役军属户数，在乡伤残、复员和退伍军人人数，全省乡镇统筹中安排的优抚经费总额和当地农民人均纯收入水平等因素计算确定。计算公式为：

某市州优抚经费=（该市州现役军人优待支出+该市州在乡伤残、复员、退伍军人优待支出）×实际负担率。

现役军人优待支出=该市州在乡现役军人军属优待户数×该市州农民人均纯收入。

在乡伤残、复员、退伍军人优待支出=该市州在乡伤残、复员、退伍军人人数×当地农民人均纯收入的三分之一。

实际负担率=各市州优抚实际支出÷（各市州现役军人优待标准支出+各市州在乡伤残、复员、退伍军人优待标准支出）。

（四）乡村道路修建经费

乡村道路修建经费根据税费改革前各市州乡村道路用地面积、乡村道路修建支出、农村人口密度和全省乡镇统筹中安排的乡村道路修建支出总额等因素计算确定。计算公式：

某市州乡村道路修建经费=该市州分配率×全省乡村道路修建支出总额。

该市州分配率=该市州乡村道路用地面积占全省乡村道路用地面积的比重×权重+该市州乡村道路修建支出占全省乡村道路修建总支出的比重×权重+修正值÷该市州农村人口密度占全省农村人口密度的比重×权重。

（五）民兵训练经费

民兵训练经费根据税费改革前乡镇统筹中安排的民兵训练

费总额、各地民兵训练工作量及相关开支标准等因素计算确定。计算公式为：

某市州民兵训练经费=（该市州农村民兵年度训练任务+该市州农村预备役部队预编兵员年度训练任务）×民兵和预备役人员训练经费标准。

该市州农村民兵年度训练任务=该市州民兵年度训练任务×该市州乡村人口占总人口的比重×规定的民兵年训练天数。

该市州农村预备役部队预编兵员年度训练任务=该市州预备役部队预编兵员年度训练任务×该市州乡村人口占总人口的比重×规定的预备役兵员年训练天数。

（六）教育集资支出

教育集资支出按照各市州农村中小学学生人数、乡镇村个数和全省教育集资支出总额等因素计算确定。计算公式为：

某市州教育集资支出=该市州农村中小学学生人数及乡镇村个数占全省农村中小学学生人数及乡镇村个数的比例所确定的分配率×全省教育集资支出总额。

（七）补助村级基本支出

补助村级基本支出根据各市州行政村个数、五保户人数和农民人均纯收入水平等因素计算确定。计算公式为：

某市州补助村级基本支出一村五保户补助支出+村管理费补助支出。

五保户补助支出=该市州五保户人数×该市州农民人均纯收入占全省农民人均纯收入比重×补助标准。

村管理费补助支出=村个数×补助标准。

（八）农业特产税减收额

农业特产税减收额根据农业特产税财政决算收入及其税率调整情况计算确定。计算公式为：

某市州农业特产税减收额＝农业特产税生产环节减收额＋农业特产税收购环节减收额。

（九）屠宰税减收额

屠宰税减收额根据屠宰税收入财政决算数确定。

（十）农业税增收额

农业税增收额按照各市州改革前后农业税计税常产、计税价格和税率计算确定。计算公式为：

某市州农业税增收额＝改革后农业税征收额－改革前农业税征收额。

改革后农业税征收额＝农业税计税常产×计税价格×改革后农业税税率。

改革前农业税征收额＝农业税计税常产×计税价格×改革前农业税标准税率。

（十一）转移支付系数的确定

转移支付系数是指省财政对农村税费改革转移支付的补助程度。各地的转移支付系数，根据农村税费改革前各地财力对农村税费的依赖程度和财政困难程度以及省财政补助总规模计算确定。其中，各地财力对农村税费的依赖程度根据其农业税、农业特产税、屠宰税和乡镇统筹占其财力比重计算确定；各地财政困难程度参照其人员经费和基本公用经费占其财力的比重计算确定。转移支付系数的计算公式为：

某市州转移支付系数＝（该市州农业税、农业特产税、屠宰税和乡镇统筹等四项收入占其财力比重÷全省平均农业税等四项收入占市州财力比重×权重+该市州人员经费、基本公用经费等占其财力比重÷全省平均人员经费、基本公用经费等占市州财力比重×权重）×省财政负担系数。

（十二）特殊因素照顾补助

对农村税费改革中按统一公式计算难以照顾的某些特殊影响因素，选取相关客观因素单独计算到相关市州。

1、少数民族县市的照顾补助。按全省少数民族县市农村税费改革前的支出需求和转移支付系数计算确定。

2、防洪大堤修建和平垸行洪的补助。防洪大堤修建补助主要根据堤防长度、堤防维修难度和补助标准计算确定；平垸行洪补助主要根据平垸行洪面积、单位面积影响农业税的税基、农业税计税价格、农业税税率和补助系数计算确定。

3、水库移民地区的照顾补助。按库区淹没面积、移民人口和补助标准计算确定。

三、转移支付因素数据的采集

转移支付分配因素统一采用1999年统计数据（2000年湖南统计年鉴）和1999年度财政总决算报表数据，统计年鉴和财政决算报表没有的，则以有关主管部门提供的报表数据为准。农业税计税常产取1995-1999年5年平均数，各市州乡镇个数采用撤区并乡前一年1994年统计数据（1995年湖南统计年鉴），13个改制农场现有的乡镇村个数以有关主管部门下发的文件为准。

四、关于转移支付的其他问题

除省转移支付外，各市州县要通过调整支出结构，从本级财力中安排一定数量的资金，增加对乡镇的补助；各地要按照农村税费改革实施方案的有关规定，综合考虑县乡社会经济发展水平和财政状况，切实减轻农民负担，调整完善县乡财政体制，以保障基层政权履行政府职能必不可少的财力，确保农村基层政权正常运转，确保农村义务教育经费正常需要。各地转移支付资金用于农村中小学教育经费应高于60%，其中农村中小学教育经费用于危房改造不低于10%。

市州县要严格执行中央和省关于税费改革的有关规定，公正合理地将转移支付资金分配到乡镇村。转移支付资金必须专项用于补助县乡农村税费改革所影响的．财力收支缺口，不得截留、挪作他用，如有违者，省将相应扣减对该市州下一年度的转移支付资金。

农村税费改革信访工作管理暂行办法

国务院农村税费改革工作小组关于印发《农村税费改革信访工作管理暂行办法》的通知

国农改〔2004〕17号

各省、自治区、直辖市、新疆生产建设兵团农村税费改革领导小组：

农村税费改革是我国农村继实行家庭承包经营之后的又一项重大改革，对保障农民合法权益，促进农民减负增收和农业发展，维护农村稳定发挥了积极作用，得到亿万农民的衷心拥护。由于这项改革是在过去问题积累较多、沉淀较深的情况下进行的，随着农村税费改革试点工作的不断推进，特别是一些地方和部门思想认识不到位、基础工作不扎实、政策措施落实不全面，致使群众上访事件时有发生，甚至引发农村一些新的矛盾，影响农村社会稳定，在一定程度上影响了改革效果。为切实做好深化农村税费改革试点工作，巩固和发展改革成果，建立健全农村税费改革信访工作机制，国务院农村税费改革工作小组制定了《农村税费改革信访工作管理暂行办法》。现印发各地，请认真遵照执行。

2004年12月16日

第一章 总 则

第一条 为维护农民群众的合法权益，进一步建立健全农村税费改革信访工作管理制度，确保农村税费改革顺利进行，根据《国务院信访条例》以及国家农村税费改革相关文件精神，特制定本办法。

第二条 本办法所称农村税费改革信访是指农村税费改革过程中所涉及的公民、法人及其他组织，采用书信、电子邮件、电话、走访等形式，向各级农村税费改革办公室（以下简称“税改办”）反映情况，提出意见、建议和要求，依法应当由各级税改办处理的活动。

第三条 各级税改办应当做好信访工作，认真处理来信、接待来访，倾听人民群众的意见、建议和要求，坚持原则、秉公办事，接受人民群众的监督，努力为人民服务。

第四条 信访工作在各级税改领导机构的领导下，坚持分级负责、归口办理、部门配合，谁主管、谁负责的原则，本着尊重事实与疏导教育相结合的精神，依法、及时、就地、公正解决问题。

第五条 各级税改办的负责人作为信访工作的第一责任人，对信访工作负总责，应当亲自阅批群众来信、接待群众来访，部署研究解决信访工作中存在的问题，检查指导信访工作。各级税改办负责具体受理、办理信访事项，履行工作职责。

第二章 信访人

第六条 信访人是指采用书信、电子邮件、电话、走访等形式向各级税改机关反映农村税费改革试点工作中存在的问题、进展情况等以及提出意见、建议和要求的公民、法人和其他组织。

第七条 信访活动受法律保护。信访活动应遵守法律、法规，不得损害公共利益和他人的合法权益。

第八条 信访人应如实反映情况，提供相关票据、证卡等材料，不得捏造、歪曲事实，不得诽谤、诬告、陷害他人，造成严重后果的要承担法律责任。

第九条 信访人应当遵守信访秩序，不得影响国家机关工作秩序，不得损害接待场所的公共财物，不得纠缠、侮辱、漫骂、殴打、威胁接待人员，不得携带危险品、爆炸品以及管制器械进入接待场所。捏造事实，无理取闹，影响国家机关正常办公秩序，造成恶劣影响或构成犯罪的信访人，依法进行处理。

第十条 多人反映相似或相同意见、建议和要求的，一般采用书信、电话、电子邮件等形式；需要采用走访形式的应当推选代表，代表人数不得超过5人。

第三章 工作职责及要求

第十一条 信访工作在各级税改领导机构的领导下，具体由税改办承办，主要履行以下工作职责：

（一）贯彻执行党和国家有关信访工作的方针、政策和法律；

（二）制定农村税费改革信访工作规章、制度；

（三）研究分析信访动态，编写信访通报，部署信访工作任务，及时向税改领导机构及相关领导提供信访信息和解决问题的政策建议；

（四）受理、办理农村税费改革群众来信来访来电；

（五）承办上级机关和领导交办的信访事项；

（六）办理或协助办理重大或异常信访事件；

（七）向下级税改办交办和督促催办农村税费改革信访事项；

（八）指导、督促下级税改办的农村税费改革信访工作；

（九）协助同级信访部门处理有关农村税费改革信访事项；

（十）办理其他部门和单位转交税改办的有关农村税费改革信访事项；

（十一）向信访人宣传农村税费改革法律、法规、规章和政策，提供政策咨询服务；

（十二）其他依法应当履行的职责。

第十二条 税改办及工作人员办理信访事项应当遵守下列规定：

（一）文明接待，坚持原则，尊重信访人的人格，不得刁难、歧视信访人，一视同仁，耐心说服教育和做好解释工作；

（二）对信访事项应当依照国家有关规定处理，不得置之不理或者推诿、敷衍、拖延，不得虚报处理结果；

（三）恪尽职守，秉公办事，不得利用工作之便徇私舞弊；

（四）遵守保密制度，不得泄露信访人要求保密的内容，不得将检举、控告材料及有关情况透露或者转送被检举、控告的人员和单位；

（五）建立健全信访档案，妥善保管信访材料，不得丢失、隐匿或者擅自销毁信访材料；

（六）其他依法应当遵守的规定。

第十三条 税改办工作人员在处理农村税费改革信访事项时，与信访人或者信访事项有直接利害关系的，应当回避。

第四章 信访工作规则

各级税改办主要承办农村税费改革过程中发生的信访案件，农村历史遗留问题一般不在受理范围。各级税改办在办理信访案件时，应遵守以下规则：

第十四条 拆信。负责群众来信的拆阅。当日来信，当日拆封，将信封、信件及其附件一并装订，做到完整无缺。

第十五条 登记。填写群众信访登记表，认真填写来信来电来访人的姓名、工作单位（或家庭地址）、时间和反映的主要内容。

第十六条 直接办理。信访信息整理登记后，按照职责分工，对应当或者有权做出处理决定的信访事项，应在 30 个工作日内提出处理意见，报税改办领导核准，直接予以办理。

第十七条 交办。对需作进一步核实的农村税费改革信访事项，按照案件发生属地原则，将信访信息资料报请税改办领导核准后，转交相关地区税改办作进一步核实，提出处理意见，在 90 个工作日内反馈查办结果。

第十八条 转办。按照行政管理职责分工，将不属税改办职责范围内的信访事项，呈报税改办领导同意后，转请有关部门办理。对来电来访的信访人，做好解释工作，请其向有关部门反映。

第十九条 直接查办。对领导批示或线索较清晰、社会影响较大等信访案件，税改办及有关部门组成联合工作组，通过明察暗访等形式，直接查办案件。

第二十条 催办。上一级税改办转交给下一级税改办的信访案件，应按规定进行催办。对信访人多次反映或已经超过查办期限的，应重点催办。

第二十一条 反馈。下一级税改办在接到上一级税改办的督办通知后，应在规定期限内将查办结果反馈给上一级税改办，并将查办结果通知信访人。

第二十二条 复查。

（一）对税改办处理决定不服的，除依照法律、行政法规的规定申请复议或者提起行政诉讼外，可以自收到处理决定书之日起 30 天内请求原办理机关复查。原办理机关应当自收到复查请求之日起 30 日内提出复查意见，并予以答复。

（二）对原办理机关的处理决定或者复查意见不服的，信访人可以自收到处理决定书或复查意见之日起 30 日内请求上一级税改办进行复查。上一级税改办自收到复查请求之日起 30 日内，提出复查意见。经复查，信访事项处理决定正确的，上一级税改办不再受理。

第二十三条 编发信访通报。每月初应将上月的信访案件汇总，编印《信访通报》，向下一级税改办通报整个信访工作进展，向税改领导机构及相关领导提供信访信息，反映农村税费改革信访动态。

第二十四条 归档。各级税改办负责信访的同志，应及时清理群众信访案件，将群众信访登记表、信访原件、处理意见和反馈意见等一并归档，妥善装订。保存5年，期满销毁。

第五章　奖励与处罚

第二十五条　对信访工作中做出优异成绩的单位或者个人，由各级税改办组织评比，并给予表彰和奖励。

第二十六条　对信访人提出的建议、意见或者对违法行为的检举、揭发，对农村税费改革工作和维护农民群众利益有贡献的，由税改办给予适当奖励。

第二十七条　对信访工作中玩忽职守、徇私舞弊，给工作造成损失的，视情节轻重，给予批评教育或者依照《公务员条例》给予行政处分。

第六章　附　则

第二十八条　本办法解释权归国务院农村税费改革工作小组。

第二十九条　本办法自2005年1月1日起执行。

国有农场税费改革减收补助办法

财政部关于印发《国有农场税费改革减收补助办法》的通知

财预〔2006〕446号

农业部，各省、自治区、直辖市财政厅（局），新疆生产建设兵团财务局，中储粮总公司：

根据《国务院办公厅关于深化国有农场税费改革的意见》（国办发〔2006〕25号）精神，经国务院农村综合改革工作小组批准，并报请国务院同意，我部研究制定了《国有农场税费改革减收补助办法》，现印发你们，请遵照执行。

二〇〇六年十一月十四日

为确保国有农场税费改革顺利进行，根据《关于深化国有农场税费改革的意见》（国办发〔2006〕25号，以下简称《意见》）精神，特制定本办法。

一、补助内容和补助范围

（一）补助内容。从2006年起，免除国有农场通过收取承包费形式由农工承担的类似农村“乡镇五项统筹”的收费（以下简称“农工收费”），包括九年义务教育、计划生育、优抚、民兵训练和修建乡村道路等五项支出。国有农场因免除“农工收费”而减少的收入，由中央和地方财政予以适当补助。

（二）补助范围。按照隶属关系，新疆生产建设兵团、中央直属农垦企业和中国储备粮总公司农场因免除“农工收费”而减少的收入，由中央财政予以适当补助；地方国有农垦企业、华侨农场、国有林场、劳改劳教农场、国有农牧渔场等因免除“农工收费”而减少的收入，由地方财政给予适当补助，中央财政参照农村税费改革转移支付政策给予适当支持。

二、补助原则

（一）统一政策，力求公平。各地国有农场类型不同，农工收费水平、经营状况和财务核算方法不尽一致，中央财政转移支付力求政策统一、客观公平。

（二）注意衔接，均衡负担。国有农场税费改革是农村税费改革的继续和深化，补助政策应与农村税费改革转移支付政策衔接，并使农工与周边农民的减负水平大体相当，避免出现新的不均衡。同时，由于有些地区已将国有农场社会事业职能交由地方政府承办，各级财政对免除国有农场“农工收费”的补助，要按照“谁举办、补给谁”的原则合理安排。

（三）统筹兼顾，重点倾斜。为鼓励地方积极探索国有农场改革，对先行改革的地区一视同仁；同时，考虑到农垦系统在屯垦戍边和发展农业上的重要性和华侨农场的特殊性，政策上适度给予倾斜。

三、补助办法

按照上述原则，对中央直属国有农场和各地区因免除“农工收费”造成的减收，原则上以2001-2004年国有农场“农工收费”的实际数为基数，对先行改革地区和上报数据与全国平均水平差异较大的地区进行适当调整。中央直属国有农场（新疆生产建设兵团、中央直属农垦企业和中国储备粮总公司农场）减收额，由中央财政给予全额补助；地方国有农场减收额，中央财政根据农场类别和所处地区的补助系数给予适当补助。

对地方财政补助公式为：

中央财政对某省补助额＝∑（该省各类国有农场减收额×农场系数）×地区系数

其中：农垦系统国有农场和华侨农场的补助系数为100%；地方“小三场”的补助系数为90%；劳改劳教农场、各类林场的补助系数为80%。地区补助系数按照农村税费改革规定的“1850”补助比例执行，即对中西部粮食主产区补助100%，对中西部非粮食主产区补助80%，对东部粮食主产区补助50%，对东部非粮食主产区不予补助。

四、补助资金使用和管理

为确保深化国有农场税费改革顺利进行，各省、自治区、直辖市及新疆生产建设兵团、中央直属垦区等要合理分配、及时核拨中央对国有农场税费改革的补助资金，不得截留、挪用。各级财政监督检查部门和税改办要加强监督，对于虚报数据骗取上级转移支付资金和违规使用转移支付资金的地区，一经查实，中央财政将相应扣减其转移支付补助资金。

除中央财政补助外，省级财政和有条件的市、县财政，也要调整支出结构，多渠道筹集资金支持国有农场税费改革，并督促国有农场积极进行配套改革，努力消化改革成本，不得将中央转移支付资金用于增加农场管理费等开支和搞“形象工程”、“政绩工程”。

各部门、各地区要严格按照中央的政策规定，采取绝大多数农工愿意接受的形式和方法，将减少农工收费的好处全部落实给承包土地的农工，防止按中央财政转移支付补助额确定农工减负数额。改革后，凡出现通过提高土地承包费或其他形式变相加重农工负担的行为，一经查实，将按照中央《关于对涉及农民负担案（事）件实行责任追究的暂行办法》（中办发〔2002〕19号）的相关规定，严肃追究有关负责人的责任。

国家税务总局 国土资源部 关于落实资源税改革优惠政策若干事项的公告

国家税务总局、国土资源部公告

2017年第2号

为落实《财政部　国家税务总局关于全面推进资源税改革的通知》（财税〔2016〕53号）、《财政部　国家税务总局关于资源税改革具体政策问题的通知》（财税〔2016〕54号）规定的资源税优惠政策，现将有关申报、审核等征管事项公告如下：

一、对符合条件的充填开采和衰竭期矿山减征资源税，实行备案管理制度。

二、对依法在建筑物下、铁路下、水体下（以下简称“三下”）通过充填开采方式采出的矿产资源，资源税减征50%。“三下”的具体范围由省税务机关商同级国土资源主管部门确定。

充填开采是指随着回采工作面的推进，向采空区或离层带等空间充填废石、尾矿、废渣、建筑废料以及专用充填合格材料等采出矿产品的开采方法。

减征资源税的充填开采，应当同时满足以下三个条件：一是采用先进适用的胶结或膏体等充填方式；二是对采空区实行全覆盖充填；三是对地下含水层和地表生态进行必要的保护。

三、对实际开采年限在15年（含）以上的衰竭期矿山开采的矿产资源，资源税减征 30%。

衰竭期矿山是指剩余可采储量下降到原设计可采储量的 20%（含）以下或剩余服务年限不超过 5 年的矿山。原设计可采储量不明确的，衰竭期以剩余服务年限为准。衰竭期矿山以开采企业下属的单个矿山为单位确定。

四、纳税人初次申报减税，应当区分充填开采减税和衰竭期矿山减税，向主管税务机关备案以下资料：

（一）充填开采减税

1. 纳税人减免税备案登记表；

2. 资源税减免备案说明（包括矿区概况、开采方式、开采“三下”矿产的批件、“三下”压覆的矿产储量及其占全部储量的比例等）；

3. 采矿许可证复印件；

4. 矿产资源开发利用方案相关内容复印件；

5. 井上井下工程对照图；

6. 主管税务机关要求备案的其他资料。

（二）衰竭期矿山减税

1. 纳税人减免税备案登记表；

2. 资源税减免备案说明（包括矿区概况、开采年限、剩余可采储量或剩余服务年限等）；

3. 采矿许可证复印件；

4. 经国土资源主管部门备案的《矿产资源储量核实报告》评审意见书及相关备案证明；

5. 主管税务机关要求备案的其他资料。

五、纳税人备案资料齐全、符合法定形式的，主管税务机关应当受理；备案资料不齐全或不符合法定形式的，主管税务机关应当当场一次性书面告知纳税人。主管税务机关应当将享受资源税减税的纳税人名单向社会公示，公示内容包括享受减税的企业名称、减税项目等。

六、为做好减免税备案的后续管理工作，主管税务机关与国土资源主管部门要建立相应的协作机制。根据工作需要，主管税务机关可请国土资源主管部门提供相关信息，国土资源主管部门予以协助支持。

主管税务机关对相关信息进行比对，发现企业备案的有关储量、开采方式等信息有疑点的，可通过咨询国土资源主管部门进行核实。

七、经主管税务机关核实后，对于不符合资源税减税条件的纳税人，主管税务机关应当责令其停止享受减税优惠；已享受减税优惠的，由主管税务机关责令纳税人补缴已减征的资源税税款并加收滞纳金；提供虚假资料的，按照《中华人民共和国税收征收管理法》及其实施细则有关规定予以处理。

八、享受衰竭期矿山减税政策的纳税人，矿产资源可采储量增加的，纳税人应当在纳税申报时向主管税务机关报告；不再符合衰竭期矿山减税条件的，应当依法履行纳税义务；未依法纳税的，主管税务机关应当予以追缴。

九、纳税人应当单独核算不同减税项目的销售额或销售量，未单独核算的，不享受减税优惠。

纳税人每月充填开采采出矿产资源的减税销售额或销售量，按其“三下”压覆的矿产储量占全部储量的比例进行计算和申报。

十、纳税人开采销售的应税矿产资源（同一笔销售业务）同时符合两项（含）以上资源税备案类减免税政策的，纳税人可选择享受其中一项优惠政策，不得叠加适用。

十一、本公告不适用于原油、天然气、煤炭、稀土、钨、钼，上述资源税税目的有关优惠政策仍按原文件执行。

十二、省级人民政府确定的资源税减免税项目可参照本办法执行。

十三、各省、自治区、直辖市地方税务局会同省国土资源部门根据本公告制定具体实施办法。

十四、本公告自发布之日起施行。2016 年 7 月 1 日至本公告施行日之间发生的尚未办理资源税减免备案的减免税事项，应当按本公告有关规定办理相关减免税事宜。

特此公告。

国家税务总局　国土资源部

2017 年 1 月 24 日

耕地占用税暂行条例

中华人民共和国国务院令

第511号

现公布《中华人民共和国耕地占用税暂行条例》，自2008年1月1日起施行。

总理 温家宝

二〇〇七年十二月一日

第一条 为了合理利用土地资源，加强土地管理，保护耕地，制定本条例。

第二条 本条例所称耕地，是指用于种植农作物的土地。

第三条 占用耕地建房或者从事非农业建设的单位或者个人，为耕地占用税的纳税人，应当依照本条例规定缴纳耕地占用税。

前款所称单位，包括国有企业、集体企业、私营企业、股份制企业、外商投资企业、外国企业以及其他企业和事业单位、社会团体、国家机关、部队以及其他单位；所称个人，包括个体工商户以及其他个人。

第四条 耕地占用税以纳税人实际占用的耕地面积为计税依据，按照规定的适用税额一次性征收。

第五条 耕地占用税的税额规定如下：

（一）人均耕地不超过 1 亩的地区（以县级行政区域为单位，下同），每平方米为 10 元至 50 元；

（二）人均耕地超过 1 亩但不超过 2 亩的地区，每平方米为 8 元至 40 元；

（三）人均耕地超过 2 亩但不超过 3 亩的地区，每平方米为 6 元至 30 元；

（四）人均耕地超过 3 亩的地区，每平方米为 5 元至 25 元。

国务院财政、税务主管部门根据人均耕地面积和经济发展情况确定各省、自治区、直辖市的平均税额。

各地适用税额，由省、自治区、直辖市人民政府在本条第一款规定的税额幅度内，根据本地区情况核定。各省、自治区、直辖市人民政府核定的适用税额的平均水平，不得低于本条第二款规定的平均税额。

第六条 经济特区、经济技术开发区和经济发达且人均耕地特别少的地区，适用税额可以适当提高，但是提高的部分最高不得超过本条例第五条第三款规定的当地适用税额的 50%。

第七条 占用基本农田的，适用税额应当在本条例第五条第三款、第六条规定的当地适用税额的基础上提高 50%。

第八条 下列情形免征耕地占用税：

（一）军事设施占用耕地；

（二）学校、幼儿园、养老院、医院占用耕地。

第九条 铁路线路、公路线路、飞机场跑道、停机坪、港口、航道占用耕地，减按每平方米 2 元的税额征收耕地占用税。

根据实际需要，国务院财政、税务主管部门商国务院有关部门并报国务院批准后，可以对前款规定的情形免征或者减征耕地占用税。

第十条 农村居民占用耕地新建住宅，按照当地适用税额减半征收耕地占用税。

农村烈士家属、残疾军人、鳏寡孤独以及革命老根据地、少数民族聚居区和边远贫困山区生活困难的农村居民，在规定用地标准以内新建住宅缴纳耕地占用税确有困难的，经所在地乡（镇）人民政府审核，报经县级人民政府批准后，可以免征或者减征耕地占用税。

第十一条 依照本条例第八条、第九条规定免征或者减征耕地占用税后，纳税人改变原占地用途，不再属于免征或者减征耕地占用税情形的，应当按照当地适用税额补缴耕地占用税。

第十二条 耕地占用税由地方税务机关负责征收。

土地管理部门在通知单位或者个人办理占用耕地手续时，应当同时通知耕地所在地同级地方税务机关。获准占用耕地的单位或者个人应当在收到土地管理部门的通知之日起30日内缴纳耕地占用税。土地管理部门凭耕地占用税完税凭证或者免税凭证和其他有关文件发放建设用地批准书。

第十三条 纳税人临时占用耕地，应当依照本条例的规定缴纳耕地占用税。纳税人在批准临时占用耕地的期限内恢复所占用耕地原状的，全额退还已经缴纳的耕地占用税。

第十四条 占用林地、牧草地、农田水利用地、养殖水面以及渔业水域滩涂等其他农用地建房或者从事非农业建设的，比照本条例的规定征收耕地占用税。

建设直接为农业生产服务的生产设施占用前款规定的农用地的，不征收耕地占用税。

第十五条 耕地占用税的征收管理，依照《中华人民共和国税收征收管理法》和本条例有关规定执行。

第十六条 本条例自 2008 年 1 月 1 日起施行。1987 年 4 月 1 日国务院发布的《中华人民共和国耕地占用税暂行条例》同时废止。

耕地占用税暂行条例实施细则

中华人民共和国财政部 国家税务总局令

第49号

《中华人民共和国耕地占用税暂行条例实施细则》经财政部、国家税务总局审议通过，现予公布，自公布之日起实施。

财政部部长

国家税务总局局长

二〇〇八年二月二十六日

第一条 根据《中华人民共和国耕地占用税暂行条例》(以下简称条例)，制定本细则。

第二条 条例所称建房，包括建设建筑物和构筑物。

农田水利占用耕地的，不征收耕地占用税。

第三条 占用园地建房或者从事非农业建设的，视同占用耕地征收耕地占用税。

第四条 经申请批准占用耕地的，纳税人为农用地转用审批文件中标明的建设用地人；农用地转用审批文件中未标明建设用地人的，纳税人为用地申请人。

未经批准占用耕地的，纳税人为实际用地人。

第五条 条例第四条所称实际占用的耕地面积，包括经批准占用的耕地面积和未经批准占用的耕地面积。

第六条 各省、自治区、直辖市耕地占用税的平均税额，按照本细则所附的《各省、自治区、直辖市耕地占用税平均税额表》执行。

县级行政区域的适用税额，按照条例、本细则和各省、自治区、直辖市人民政府的规定执行。

第七条 条例第七条所称基本农田，是指依据《基本农田保护条例》划定的基本农田保护区范围内的耕地。

第八条 条例第八条规定免税的军事设施，具体范围包括：

（一）地上、地下的军事指挥、作战工程；

（二）军用机场、港口、码头；

（三）营区、训练场、试验场；

（四）军用洞库、仓库；

（五）军用通信、侦察、导航、观测台站和测量、导航、助航标志；

（六）军用公路、铁路专用线，军用通讯、输电线路，军用输油、输水管道；

（七）其他直接用于军事用途的设施。

第九条 条例第八条规定免税的学校，具体范围包括县级以上人民政府教育行政部门批准成立的大学、中学、小学、学历性职业教育学校以及特殊教育学校。

学校内经营性场所和教职工住房占用耕地的，按照当地适用税额缴纳耕地占用税。

第十条 条例第八条规定免税的幼儿园，具体范围限于县级以上人民政府教育行政部门登记注册或者备案的幼儿园内专门用于幼儿保育、教育的场所。

第十一条 条例第八条规定免税的养老院，具体范围限于经批准设立的养老院内专门为老年人提供生活照顾的场所。

第十二条 条例第八条规定免税的医院，具体范围限于县级以上人民政府卫生行政部门批准设立的医院内专门用于提供医护服务的场所及其配套设施。

医院内职工住房占用耕地的，按照当地适用税额缴纳耕地占用税。

第十三条 条例第九条规定减税的铁路线路，具体范围限于铁路路基、桥梁、涵洞、隧道及其按照规定两侧留地。

专用铁路和铁路专用线占用耕地的，按照当地适用税额缴纳耕地占用税。

第十四条 条例第九条规定减税的公路线路，具体范围限于经批准建设的国道、省道、县道、乡道和属于农村公路的村道的主体工程以及两侧边沟或者截水沟。

专用公路和城区内机动车道占用耕地的，按照当地适用税额缴纳耕地占用税。

第十五条 条例第九条规定减税的飞机场跑道、停机坪，具体范围限于经批准建设的民用机场专门用于民用航空器起降、滑行、停放的场所。

第十六条 条例第九条规定减税的港口，具体范围限于经批准建设的港口内供船舶进出、停靠以及旅客上下、货物装卸的场所。

第十七条 条例第九条规定减税的航道，具体范围限于在江、河、湖泊、港湾等水域内供船舶安全航行的通道。

第十八条 条例第十条规定减税的农村居民占用耕地新建住宅，是指农村居民经批准在户口所在地按照规定标准占用耕地建设自用住宅。

农村居民经批准搬迁，原宅基地恢复耕种，凡新建住宅占用耕地不超过原宅基地面积的，不征收耕地占用税；超过原宅基地面积的，对超过部分按照当地适用税额减半征收耕地占用税。

第十九条 条例第十条所称农村烈士家属，包括农村烈士的父母、配偶和子女。

第二十条 条例第十条所称革命老根据地、少数民族聚居地区和边远贫困山区生活困难的农村居民，其标准按照各省、自治区、直辖市人民政府有关规定执行。

第二十一条 根据条例第十一条的规定，纳税人改变占地用途，不再属于免税或减税情形的，应自改变用途之日起30日内按改变用途的实际占用耕地面积和当地适用税额补缴税款。

第二十二条 条例第十三条所称临时占用耕地，是指纳税人因建设项目施工、地质勘查等需要，在一般不超过2年内临时使用耕地并且没有修建永久性建筑物的行为。

第二十三条 因污染、取土、采矿塌陷等损毁耕地的，比照条例第十三条规定的临时占用耕地的情况，由造成损毁的单位或者个人缴纳耕地占用税。超过2年未恢复耕地原状的，已征税款不予退还。

第二十四条 条例第十四条所称林地，包括有林地、灌木林地、疏林地、未成林地、迹地、苗圃等，不包括居民点内部的绿化林木用地，铁路、公路征地范围内的林木用地，以及河流、沟渠的护堤林用地。

第二十五条 条例第十四条所称牧草地，包括天然牧草地、人工牧草地。

第二十六条 条例第十四条所称农田水利用地，包括农田排灌沟渠及相应附属设施用地。

第二十七条 条例第十四条所称养殖水面，包括人工开挖或者天然形成的用于水产养殖的河流水面、湖泊水面、水库水面、坑塘水面及相应附属设施用地。

第二十八条 条例第十四条所称渔业水域滩涂，包括专门用于种植或者养殖水生动植物的海水潮浸地带和滩地。

第二十九条 占用林地、牧草地、农田水利用地、养殖水面以及渔业水域滩涂等其他农用地建房或者从事非农业建设的，适用税额可以适当低于当地占用耕地的适用税额，具体适用税额按照各省、自治区、直辖市人民政府的规定执行。

第三十条 条例第十四条所称直接为农业生产服务的生产设施，是指直接为农业生产服务而建设的建筑物和构筑物。具体包括：储存农用机具和种子、苗木、木材等农业产品的仓储设施；培育、生产种子、种苗的设施；畜禽养殖设施；木材集材道、运材道；农业科研、试验、示范基地；野生动植物保护、护林、森林病虫害防治、森林防火、木材检疫的设施；专为农业生产服务的灌溉排水、供水、供电、供热、供气、通讯基础设施；农业生产者从事农业生产必需的食宿和管理设施；其他直接为农业生产服务的生产设施。

第三十一条 经批准占用耕地的，耕地占用税纳税义务发生时间为纳税人收到土地管理部门办理占用农用地手续通知的当天。

未经批准占用耕地的，耕地占用税纳税义务发生时间为纳税人实际占用耕地的当天。

第三十二条 纳税人占用耕地或其他农用地，应当在耕地或其他农用地所在地申报纳税。

第三十三条 各省、自治区、直辖市人民政府财政、税务主管部门应当将本省、自治区、直辖市人民政府制定的耕地占用税具体实施办法报送财政部和国家税务总局。

第三十四条 本细则自公布之日起实施。

国家税务总局关于规范国税机关代开发票环节征收地方税费工作的通知

税总发〔2016〕127号

各省、自治区、直辖市和计划单列市国家税务局、地方税务局：

为贯彻落实《深化国税、地税征管体制改革方案》（以下简称《方案》）要求，进一步加强地方税费的管理，根据《中华人民共和国税收征收管理法》及其实施细则、《中华人民共和国发票管理办法》和《国家税务总局关于发布〈委托代征管理办法〉的公告》（国家税务总局公告2013年第24号）的有关规定，现对规范国税机关为纳税人代开发票环节征收地方税费工作，提出如下要求：

一、基本原则

代开发票应当缴纳税款的，税务机关应严格执行先征收税款、再代开发票的有关规定。

二、征收方式

地税机关直接征收。对已实现国税、地税办税服务厅互设窗口，或者国税与地税共建办税服务厅、共驻政务服务中心等合作办税模式的地区，地税机关应在办税服务厅设置专职岗位，负责征收国税机关代开发票环节涉及的地方税费。

委托国税机关代征。对暂未实现上述国税、地税合作办税模式的地区，地税机关应委托国税机关在代开发票环节代征地方税费。

三、具体事项

（一）代征范围

委托国税机关代征的，国税机关应当在代开发票环节征收增值税，并同时按规定代征城市维护建设税、教育费附加、地方教育附加、个人所得税（有扣缴义务人的除外）以及跨地区经营建筑企业项目部的企业所得税。

有条件的地区，经省国税机关、地税机关协商，国税机关在代开发票环节可为地税机关代征资源税、印花税及其他非税收入，代征范围需及时向社会公告。

（二）票证使用及税款退库

委托国税机关代征的，国税机关、地税机关应在《委托代征协议书》中明确税款解缴、税收票证使用等事项。

国税机关为纳税人代开发票，如果发生作废或者销货退回需开具红字发票等情形涉及税款退库的，国税机关、地税机关应按照有关规定为纳税人做好税款退库事宜。

（三）情况反馈

纳税人拒绝接受国税机关代征税款的，国税机关应当及时告知委托方地税机关，由地税机关根据法律、法规的规定予以处理。

四、工作要求

（一）统一思想，提高认识

加强代开发票环节征收地方税费工作是满足营改增地税机关征管范围调整以及地税发票停止使用后加强税源管理、保障地方税费应收尽收的重要手段，是落实《方案》，推动国税机关与地税机关深度合作的重要内容。各地税务机关要充分认识其现实意义，积极争取当地党委、政府支持和相关部门的配合，不断优化整合征管资源，立足当地实际确保代开发票环节征收地方税费工作落到实处。

（二）加强合作，统筹协调

各省国税机关、地税机关要协同配合，制定本辖区委托代征工作的管理办法，指导基层税务机关签订《委托代征协议书》，做好宣传解释、督导检查工作，制定应急预案，并就委托代征的具体范围联合向社会公告。要建立定期工作沟通协调机制，及时研究解决新出现的问题，及时总结创新做法、先进经验并加以推广。

（三）信息支撑，减轻负担

各省税务机关要按照提高征管效率、节约行政资源、方便纳税人办税的原则，利用信息化手段，有效简化环节，解决纳税人“多头跑、跑多次”的问题，切实减轻纳税人的办税负担。

请各省税务机关于 2016 年 10 月 31 日之前，将对本通知的贯彻落实情况书面报告税务总局（征管科技司）。

国家税务总局

2016 年 8 月 15 日

地方税费改革有关政策

北京市地方税务局农村税费改革调整农业税政策工作实施方案

京地税农〔2003〕423号

根据党的十六大和中央农村工作会议精神，以及《中共中央 国务院关于进行农村税费改革试点工作的通知》、《国务院关于全面推进农村税费改革试点工作的意见》、中央批准的《北京市农村税费改革试点方案》、国家税务总局《2003年农业税收工作指导意见》，结合我局农业税征管工作实际，制定本方案。

一、农村税费改革调整农业税政策的指导思想、基本原则及工作要求

（一）指导思想

认真贯彻十六大精神，全面贯彻“三个代表”重要思想，按照社会主义市场经济发展和推进农村民主法制建设的要求，规范农村税费制度，切实减轻农民负担，积极稳妥地推进农业

税收的税制改革和征管改革，努力建设公平合理的农业税制和法制、规范、文明、高效的农业税收征管体制和运行机制，促进我市郊区经济的快速发展和社会的全面进步。

（二）基本原则

从轻确定农民负担水平，村村减轻，户户受益，并保持长期稳定；加强农业税收征管法制建设，规范农业税收征管工作；积极推进农业税收征管改革，加强农业税收征管信息化建设；做好农业税收征管基础工作；进一步加强农税队伍建设；实行综合配套改革，为调整农业税政策，完成农业税收任务提供必要保障。

（三）工作要求

1. 充分认识农村税费改革工作的重要性

农村税费改革是党中央、国务院为加强农业基础，保护农民利益，维护农村稳定做出的重大决策；是“三个代表”重要思想在农村工作中的具体体现；是实现城乡统筹协调发展、全面建设小康社会的要求；是维护农村社会稳定，优化郊区发展环境，全面提升郊区经济综合竞争力的重要措施。各级领导干部要从贯彻十六大精神和“三个代表”重要思想的高度，充分认识农村税费改革的重大意义，增强做好工作的责任感和使命感。

2. 加强与有关部门的协调配合

农村税费改革是一项关系全局的重大改革，涉及方方面面的利益调整。这次改革涉及部门多，政策性强，难度大。因此各相关单位主管领导要亲自抓，各级地税部门要紧紧围绕农村税费改革中调整农业税政策这一重点内容，充分发挥在各级农村税费改革协调会议中的重要职能作用，加强对落实农业税政策调整工作的组织、指导和协调，与相关部门密切配合，积极主动地开展工作，保证调整后的农业税收政策和各项征管措施得到贯彻落实。

3. 要周密部署和精心组织

农村税费改革调整农业税政策是一项十分复杂的系统工程，各级地税部门在组织实施的过程中要通盘考虑、精心组织、周密部署、深入实际、调查研究，以科学严谨的态度组织协调好各阶段的工作，对改革过程出现的新情况和新问题，提出切实可行的解决办法，对涉及全局的重要问题，要及时向市局及有关部门请示汇报。

二、农村税费改革调整农业税政策的主要内容

根据《财政部、国家税务总局关于2003年农村税费改革试点地区农业特产税有关问题的通知》（财税〔2003〕136号）、《北京市农业税实施办法（试行）》（京财税〔2003〕756号）、《北京市农业税计税土地及常年产量核定办法（试行）》（京财税〔2003〕755号）、《北京市农业税附加实施办法（试行）》（京财综〔2003〕1091号），农村税费改革调整农业税政策的主要内容包括：调整农业税计税要素，原征收农业特产税的土地改征农业税，调整农业税附加政策，调整农业税减免税事项。

（一）调整农业税计税要素

1. 计税土地面积的核定

（1）农业税计税土地面积，以农民二轮承包用于农业生产的土地为基础，根据土地的增减变化等实际情况调整确定。农民承包土地从事农业生产的，计税土地为第二轮承包用于农业

生产的土地，其他单位和个人从事农业生产的，计税土地为实际用于农业生产的土地。具体包括：农村二轮承包的农业用地；村集体统一经营的农业用地；单位和个人承租的农业用地；新开垦用于农业生产的土地；其它农业用地。

（2）凡实行二轮承包的单位和个人，计税土地以承包合同注明的土地面积为准，一般不再重新丈量。没有实行二轮承包的，要根据实际情况分别确定：有准确账目的，以账目注明的土地数量为计税土地面积；没有账目的或虽有账目但对记载的土地数量有争议的，要重新丈量和确定计税土地面积。

（3）对因自然灾害、依法征占减少的耕地，应据实核减。对未经合法审批，因长期建设占地和农村公益事业占地等减少的计税土地，应据实核减，并由占地单位按规定补办审批手续和补缴税款；确有困难的，应先登记造册，暂不纳入计税面积，另行处理。具体办法由我局与市财政局、房地局协商后确定。

2. 计税收入的核定

计税收入按照常年产量核定。常年产量以 2001 年前五年的农作物平均产量确定。本市农业税主粮为玉米。取得农业税应税收入的，按农业税计税价格折合成常年产量。

3. 计税价格的确定

农业税计税价格，按 2001 年本市规定的玉米收购价的中等价格确定，为每公斤 0.98 元。以后年度，实际收购价格波动幅度不超过 5%，计税价格可以保持不变。

4. 常年产量的确定

农业税计税常年产量的核定采取以村为单位，按统计部门提供并参考有关部门的数据，将各种应税农作物前五年的产量汇总，分别计算其年平均产量，按规定折算成农业税主粮，并根据自然条件、农业生产能力和农民的收入状况以及负担能力、毗邻地区的负担平衡等因素综合确定。

具体确定办法是：按 2001 年前 5 年统计部门公布的当年各种农业税应税品目价格，乘以相应的当年产量，加总后再除以 2001 年农业税计税价格，折算成主粮后，按 5 年平均数降低 20%核定。

5. 税率

农业税实行比例税制，农业税税率为 5%。

（二）原征收农业特产税的土地改征农业税

1. 税目的转换

将现行农业特产税应税品目中的水果、干果、药材、果用瓜、花卉、经济林苗木等园艺作物收入，水产品收入，林木产品收入，食用菌收入和市政府确定的其他收入，改为征收农业税；将园艺作物收入中的蚕茧改按桑叶，毛茶改按茶青征收农业税；将贵重食品中的海参、鲍鱼、干贝、鱼唇、鱼翅并入水产品中征收农业税；对牲畜产品（猪皮、牛皮、羊皮，羊毛、兔毛，羊绒、驼绒），不在土地上生产的农业特产品（如蜂蜜、燕窝等，但不含水产品），零星、分散地块上生产的农业特产品，免征农业税。

2. 计税收入

改征农业税的农业特产品的计税收入由实际收入改为原则上参照粮食作物收入确定。对利用耕地和园地生产的，按照当地同等土地粮食作物的常年产量确定计税收入；利用其他土地生产的，参照当地耕地上粮食作物常年产量确定计税收入。对利用滩涂、海水养殖和捕捞的水产品，按其历史收益情况确定计税收入。计税收入确定以后，原则上保持一定时期的稳定。考虑到农业特产品生产受自然条件影响较大，计税收入应按照从低原则确定。

对林农采伐的原木、原竹，按照采伐量从低确定计税收入。

对财务制度健全，会计核算准确真实的捕捞水产品、采伐原木原竹的企业和单位，按其销售收入确定计税收入。

3. 征收办法

对大多数农业特产品采取与粮食等农产品一样的农业税征收办法。对财务制度健全，会计核算准确真实的捕捞水产品、采伐原木原竹的企业和单位，实行查账征收；对养殖水产品、捕捞水产品的个人和捕捞水产品无账可查的企业单位以及采伐原木原竹的林农，实行核定征收。过去一直由收购者代扣代缴，改为向生产者直接征收确有困难的，仍可沿用原有的代扣代缴办法。

（三）农业税附加的调整

对承包和经营农村集体所有土地的单位和个人缴纳的农业税征收附加，附加的比例为农业税正税的20%；对承包和经营国有土地的单位和个人缴纳的农业税不征收附加。农业税附加同农业税正税一并征收，农业税正税减免后，其附加相应减免。

（四）农业税减免事项的调整

调整农业税政策，原征收农业特产税的土地改征农业税后，农业税减免税事项为：

1. 政策减免

（1）纳税人依法开垦荒山、荒地、荒滩所得到的农业收入，从有收入当年起，免征农业税三年。

（2）纳税人从下列土地上得到的农业收入，免征农业税。

A. 农业科研机构和农业、林业、水利院校用作农业实验的耕地。

B. 对农业系统事业单位的农作物良种示范繁殖农场，其免税面积以征收机关核查的实际繁殖良种的耕地面积为依据。凡良种繁殖面积占农场总耕地面积70%（含70%）以上的，全额免征农业税；良种繁殖面积在70%以下的，对繁殖良种的耕地免征农业税，对未繁殖良种的耕地，照章征收农业税。

C. 生产农业特产品的零星、分散地块及零星种植农作物的宅旁隙地。

（3）牲畜产品（猪皮、牛皮、羊皮，羊毛、兔毛，羊绒、驼绒），不在土地上生产的农业特产品（如蜂蜜、燕窝等，但不含水产品），免征农业税。

2. 社会减免

革命烈士家属、残疾人和其他纳税人，因生活贫困而纳税确有困难的，免征农业税。

3. 灾歉减免

纳税人种植的农作物因遭受水、旱、风、雹或者其他自然灾害而歉收的，歉收五成以上的免征；歉收二成以上不到五成的减半征收；歉收二成以下的不予减征。

4. 市政府规定的其它减免税项目。

三、我局农村税费改革调整农业税政策的配套措施

（一）加强和规范农业税征管工作

1. 试行“定时、定点、定额”集中缴纳、分户开票的农业

税征收方法

借鉴外省市和我市昌平区农村税费改革试点地区的成功经验，结合我市农税征管工作的实际，试行“定时、定点、定额”集中缴纳、分户开票的农业税“三定”征收方法。逐步取消上门征收农业税的方法。随着农税征管信息系统的建设，逐步推行计算机打印税票，取消手工开票的落后方式。在条件成熟的地方可在农业税代征机关或村民委员会设立固定的办税点；条件不具备的地方，代征机关在征期可因地制宜，在村委会设立临时征收网点，并事先通过税收公示告知纳税人集中缴纳。

2. 全面推广农业税收公示制度

按照《国家税务总局关于做好农业税收公示工作的通知》(国税发〔2001〕98号）的有关要求，结合农村税费改革，全面推广农业税收公示制度，增强农税征管工作的透明度，接受群众监督。凡土地承包到户的行政村，代征机关在征期开始前要将纳税人的计税土地面积、常年产量、计税价格、税率、应纳农业税及附加数额、减免数额、减免原因等在村委会张榜公布。

3. 修订我局农业税减免税管理试行办法

根据农村税费改革农业税减免税事项的调整情况，研究修改现行的《北京市地方税务局农业税减免税管理试行办法》，并按照修改后的办法，做好今年的农业税减免税工作。保证今年农业税减免款项不折不扣地落实到农户。

4. 做好新版农业税完税证的推广与使用

按照《国家税务总局关于农村税费改革试点地区农业税附加会计核算有关问题的通知》（国税函〔2003〕654号），做好新版农业税完税证的印制、供应及旧版完税证的缴销工作，从制度上规范新版完税证的填写和使用，保证农村税费改革后第一个农业税征期新版完税证顺利投入使用。

5. 做好农业税征管基础档案的建档工作

在农村税费改革中，对经核定的纳税人的计税土地、常年产量等计税要素，征收机关统一组织纳税人填写《农业税纳税登记表》、《农村税费改革有税无地登记表》并立档保管，建立完善的农业税征管基础档案，计税要素发生变化时要及时调整，实行动态管理，为农业税征管工作打下坚实的基础，同时为我市农税征管信息系统基础数据库的建立创造条件。

6. 做好《北京市农民负担监督卡》涉税内容的审核把关工作

农户新的税收负担经村民代表会议通过并张榜公布后，由区县农村税费改革协调会议办公室统一组织填写农民负担监督卡，经户主签字认可后生效。《北京市农民负担监督卡》涉及农业税征管的内容由征收机关负责提供并审核把关，包括农户承包土地的面积、计税常产、计税价格、税率、应纳农业税及附加数额、纳税期限与纳税地点等。《北京市农民负担监督卡》在今年10月中旬前由区县农村税费改革协调会议办公室统一发放到每个农户手中。

（二）依托信息化保证改革后农税征管工作的顺利开展。

农村税费改革全面推开后，农业税收任务明显加重，征收难度加大，规范化的征管对税收执法的要求更加严格。在不增加人员的情况下，推行农税征管信息化成为改革后规范征管、提高效率、保证质量的必要手段。根据国家税务总局对全国农税征管信息化工作的要求以及市局局长办公会议的决定，我市农税征管信息系统建设要在已完成了对前期业务需求的优化及软件开发的基础上，抓紧在昌平等区县先行试点，待系统运行稳定后再逐步向其他相关区县推广。依托信息化的手段，保证农村税费改革后农税征管工作的顺利开展。

（三）认真搞好各级干部的政策业务培训工作

1. 对相关区县农税科科长和业务骨干进行农村税费改革测算软件的应用培训。（市局已于6月12、13日完成）

2. 对相关区县地税局主管局长、农税科长进行农村税费改革调整农业税政策培训。（市局已于6月24、25日与市财政局合作完成）

3. 对各乡镇农业税收代征人员及村委会干部进行农村税费改革调整农业税政策的培训，由各相关区县地税局负责组织，培训方法可灵活多样，应注重时效。通过培训，务必使乡镇农税代征人员及村委会干部切实了解掌握农村税费改革调整农业税政策的有关规定，搞好农业税代征工作和协税护税工作，确保各项政策落到实处。

4. 市局将在今年适当时机组织一次由各相关区县地税局农税科人员和乡镇农业税收代征人员参加的农村税费改革知识竞赛。

（四）开展多种形式的政策宣传活动

1. 参与北京市农村税费改革协调会议办公室编印的《北京市农村税费改革实务手册》的撰稿工作，将调整农业税政策的具体内容编入手册，该手册将发至区县领导及区县有关部门相关人员，乡镇领导干部、包村干部，村级主要干部（书记、村委会主任等）和财务人员，人手一册。

2. 召开有关农村税费改革调整农业税政策的新闻发布会，在有关新闻媒体上宣传农村税费改革调整农业税政策的有关规定。在 www. tax861. gov. cn 北京地税网站首页“热点问题”栏目中设置农村税费改革调整农业税政策百题问答。

3. 编辑农村税费改革调整农业税政策信息专刊，定期将农村税费改革调整农业税政策的工作动态及时上报市委、市政府及国家税务总局。

4. 印制载有农村税费改革调整农业税政策相关内容的农税宣传挂历 50 万册，设计风格应为广大农民所喜爱，在农业税秋征时发放到纳税农户手中。

5. 于金秋十月举办一次大型文艺演出，宣传农村税费改革的成果。

（五）强化代征工作管理，提高代征人员素质

根据《国家税务总局关于加强农业税收征管机构队伍建设的通知》（国税发〔2003〕64 号）的有关要求，逐步试行持证上岗制度。为使乡镇代征人员全面掌握和理解农业税收有关法律法规和现行政策，更好的适应今后农税征管工作，各相关区县地税局要加强对乡镇农业税收代征人员的培训，动员和组织他们学习农业税收法规政策、征管制度和相关业务技能，经区县地税局统一培训、考试后持证上岗。

认真研究并逐步建立和完善对乡镇农业税代征机关的考核及责任追究制度，加强对农税代征工作质量的考核。

四、农村税费改革调整农业税政策的主要步骤和时间安排

全市农村税费改革调整农业税政策工作，自 2003 年年初开

始，年底结束。大致按照下列步骤进行。

（一）数据测算（1月至6月）

市地税局、市财政局编制《北京市农村税费改革调查表》，各区县组织填报，市地税局、市财政局组织汇总测算。

（二）制定规范性文件（3月至8月）

1. 我局与财政局已制订和转发了下列文件：

（1）《北京市农业税实施办法（试行）》（京财税〔2003〕756号）。

（2）《北京市农业税计税土地及常年产量核定办法（试行）》（京财税〔2003〕755号）。

（3）《北京市农业税附加实施办法（试行）》（京财综〔2003〕1091号）。

（4）转发《财政部　国家税务总局关于2003年农村税费改革试点地区农业特产税有关问题的通知》（财税〔2003〕136号）。

2. 准备拟定、转发和修订的主要文件有：

（1）转发《国家税务总局关于农村税费改革试点地区农业税收附加会计核算有关问题的通知》（国税函〔2003〕654号）。

（2）起草《北京市地方税务局农村税费改革调整农业税政策工作实施方案》

（3）起草《北京市地方税务局农业税公示试行办法》。

（4）起草《北京市地方税务局关于全面推广农业税收"三定"征收方法的通知》。

（5）起草《北京市地方税务局关于农村税费改革中"有税

无地”涉及耕地占用税有关问题的通知》。

(6) 修订《北京市地方税务局农业税减免税管理试行办法》。

(7) 起草《北京市地方税务局农业税税源管理试行办法》。

(三) 组织政策业务培训 (6月至7月底)

1. 市局组织由相关区县地税局农税科科长及业务骨干参加的“农村税费改革测算软件”培训;与市财政局共同组织由相关区县主管局长及相关科长参加的财税系统农村税费改革政策培训。(已完成)

2. 各相关地税局区县负责组织对各乡镇农业税收代征人员及村委会干部进行农村税费改革调整农业税政策的培训。

(四) 制定方案 (7月至8月)

1. 市局制定《北京市地方税务局农村税费改革调整农业税政策实施方案》

2. 8月15日前,各相关区县地税局参与所在区县政府农村税费改革实施方案的制定,经市政府批准后实施。

(五) 组织基础资料的建档工作 (9月中旬前)

各相关区县地税局与本区县税费改革协调会议办公室统筹安排,组织纳税人填写《农业税纳税登记表》和《农村税费改革有税无地登记表》等表格。

(六) 做好征期前准备工作 (9月底前)

1. 做好试行“定时、定点、定额”集中缴纳、分户开票的农业税征收方法的准备工作。

2. 按照修订后的《北京市地方税务局农业税减免税管理试行办法》,在征期前做好农业税减免税工作。

3. 做好农业税收公示工作,增强农税征收工作透明度,接受群众监督。

4. 做好新版农业税完税证使用前的准备工作和旧版完税证的缴销工作。

（七）做好征期工作（10月初至12月中旬）

按照调整后的农业税收政策和配套的征管措施，以及农村税费改革后确定的新的农业税征收任务，做好农业税秋季征收工作，确保各项调整措施得到贯彻落实。

（八）开展宣传工作（7月至11月）

采取多种形式，广泛宣传农村税费改革调整农业税政策的主要内容及重要意义，宣传有关配套征管改革措施，使农业税政策的调整内容和有关改革措施宣传到千家万户。

（九）农税征管信息系统试点工作（8月中旬至12月）

1. 8月中旬至9月底，在昌平区先行开展我市农业税收征管信息系统的试点工作，对软件基本功能和业务流程进行详细测试，逐步对其进行修改、完善。

2. 11月至12月，试点工作扩大到顺义区和房山区，在全面推广前进一步考察软件运行情况。

3. 在明年夏征工作前全面推广。

五、组织领导

为了加强对农村税费改革调整农业税政策的组织领导和协调，保证此项工作的顺利进行，在北京市农村税费改革协调会议办公室的领导下，建立北京市地方税务局农村税费改革调整农业税政策工作领导小组，组长为王京华副局长，副组长为农税处吴鲁平处长，成员为征管处吕兴谓处长、法制处王炜处长、计会处金燕齐处长、信息中心杨涛主任、宣传中心金志雄主任、纳税服务中心肖慧宗主任、财务处任依娜处长、办公室杨文俊主任。领导小组的主要职责是：传达贯彻上级有关农村税费改革工作的各项方针政策和要求，与市农村税费改革协调会议办公室协调配合开展各项工作，指导推动相关区县地税局的工作开展，组织落实我局实施方案中确定的各项工作任务，并建立领导小组联席会议制度、调整农业税政策工作动态报告与通报制度，以确保农村税费改革调整农业税政策工作的顺利进行。

领导小组下设办公室，办公地点设在农税处，办公室主要负责督促落实领导小组部署的各项工作任务，处理农村税费改革调整农业税政策的日常工作。办公室下设三个小组：文秘组、政策组、综合组，具体职责分工另行规定。

各相关区县地税局必须相应设立农村税费改革调整农业税政策的组织领导机构，明确职责分工，根据工作需要，视情况临时抽调部分工作人员，确保此项工作的顺利进行。

河北省农村税费改革试点地区农业特产税若干规定

2002年7月11日省政府第54次常务会议通过，现予公布，自2002年10月1日起施行。《河北省人民政府办公厅关于调整农村税费改革试点地区农业特产税若干政策的通知》（冀政办函〔2001〕25号）同时废止。

第一条 根据财政部、国家税务总局关于调整农村税费改革试点地区农业特产税的若干政策规定，为做好农村税费改革试点地区农业特产税征收工作，制定本规定。

第二条 本规定适用于本省行政区域内由省政府确定的农村税费改革试点地区。

第三条 烟叶（包括晾晒烟叶、烤烟叶）、牲畜产品（包括猪皮、牛皮、羊皮、羊毛、兔毛、羊绒、驼绒）在收购环节征收。除烟叶和牲畜产品以外的其他应税品目在生产环节征收。

第四条 执行全国统一征收农业特产税应税品目和税率。

（一）烟叶产品。包括晾晒烟叶、烤烟叶，税率为20%。

（二）牲畜产品。暂停征收猪皮的农业特产税。牛皮和羊皮的税率为5%，羊毛、兔毛、羊绒和驼绒等的税率为10%。

（三）果品。包括各种水果和干果，税率为8%。

（四）原木。税率为8%。

（五）水产品。包括水生植物、滩涂养殖、海淡水养殖和海淡水捕捞品，税率为8%。

（六）食用菌。包括银耳、黑木耳、香菇、蘑菇等食用菌产品。税率为8%。

（七）贵重食品。包括海参、燕窝、鲍鱼、鱼翅、鱼唇、干贝，税率为12%。

（八）花卉。包括观赏花卉、植物盆景等，税率为8%。

第五条 保留“园艺产品”农业特产税应税品目。园艺产品，包括药材、经济林苗木、芦笋、蚕茧和其他园艺、林木产品，税率为8%。

第六条 农业特产税可征收最高不超过农业特产税正税

20%的附加。

第七条 本规定自2002年10月1日起施行，此前按原规定已征税款不予退税。

黑龙江省关于农村税费改革后进一步完善乡镇财政体制的暂行规定

黑政办发〔2002〕38号

为确保全省农村税费改革试点工作的顺利实施，切实减轻农民负担，促进农村经济和社会事业发展，根据《中华人民共和国预算法》、《中共中央、国务院关于进行农村税费改革试点工作的通知》（中发〔2000〕7号）、《国务院关于进一步做好农村税费改革试点工作的通知》（国发〔2001〕5号）和《中共黑龙江省委、黑龙江省人民政府关于印发〈黑龙江省农村税费改革试点实施方案〉的通知》（黑发〔2002〕9号）精神，结合我省实际，现对实施农村税费改革后进一步完善乡镇财政体制作如下暂行规定：

一、坚持财权与事权相结合的原则，科学界定乡镇财政收支范围。按现行分税制财政管理体制，本着财权与事权相结合的原则，从有利于调动乡镇政府增收节支、培植财源积极性和确保乡镇政权建设、工作正常开展的角度出发，合理界定乡镇财政收支范围。取消乡统筹费后，因调整农业税、农业特产税政策新增加的收入，原则上应全部作为乡镇固定收入（教育事业费纳入县级管理部分除外）。对原由乡统筹费开支的乡村义务教育、民兵训练等两项支出纳入县级预算支出范围；对原由乡统筹费开支的计划生育、优抚以及乡级道路修建等三项支出纳入乡镇预算支出范围。

二、合理核定乡镇财政收支基数。实施农村税费改革后，乡镇财政收支发生了很大变化。各县（市）要在科学界定乡镇政府收支范围的基础上，合理核定乡镇财政收入和支出基数。财政收入基数应根据税费改革后相关税种的收入核定；财政支出基数应根据机构改革后重新核定的在编财政供养人口数量及相关支出标准确定。在收支基数的核定上，要有利于改革，保证乡镇政权的基本支出需求。收入大于支出的乡镇，核定其上解基数；收入小于支出的乡镇，核定其补助基数。收支基数确定后，属于乡镇范围内的增收，由乡镇财政支配；乡镇财政范围内的减收，也由乡镇财政自己负担。

三、扎实推进乡镇机构改革，大力减少不合理开支。各地市县乡要按照省委、省政府的统一部署，结合农村税费改革加快乡镇政府机构和事业单位的改革步伐，严格清退超编人员，大力压缩编制内人员；积极开展并乡并校工作，精简压缩乡级管理人员；对教职工队伍中的富余人员予以分流或辞退。通过上述有效措施，最大限度地减少财政供养人口，节俭、压缩乡镇不合理开支。

四、完善乡镇国库制度，强化资金管理。各县（市）要按照《中华人民共和国预算法》和《国家金库管理条例》的规定，加快乡镇国库建设，规范乡镇国库管理，对目前具备条件而尚未建立国库的乡镇要尽快建立，确保乡镇财政资金安全、有效运行。乡镇国库资金除用于拨付预算安排的支出外，不得用于其它方面的开支。要全面实行乡镇行政事业单位财务“零户统管”，建立工资专户。从2002年起，一律取消乡镇财政供给的行政事业单位的银行账户（国家和省另有规定的除外），实行综合财政预算，各单位财务收支由乡镇财政所统一核算，统一管理。与此同时，要建立工资专户，优先保证工资发放。

五、逐步建立规范的转移支付制度。对农村税费改革后自有财力满足不了基本支出需要的乡（镇），县（市）要通过规范的转移支付制度给予必要的财力补助，逐步缩小各乡（镇）之间财力差异，确保农村税费改革后乡（镇）政府职能部门的正常运转。

六、努力防范和化解乡镇财政风险。各地要把防范和化解乡镇财政风险工作纳入县乡（镇）政府重要议事日程，采取积极有效措施，认真清理乡镇债务。要在全面清理、检查核实的基础上，摸清乡镇债务的现状，区别不同情况，明确债务人，采取多种办法进行处理和消化。对于确定由乡镇财政承担的到期债务，要多方筹集资金，分年逐步清偿。清理回收的税款尾欠，要缴入金库，首先用于偿还乡镇债务。对于不属于乡镇财政承担的其它债务，要按照“谁受益、谁负担，谁借债、谁还款”的原则，分别进行清偿。今后，各乡镇要严格控制新增债务，乡镇经济和事业的发展要坚持量力而行、量财办事的原则，根据财力可能制定发展规划，不得打赤字预算，不得超越自身能力盲目借债搞建设。

黑龙江省关于违反农村税费改革政策行为党纪政纪处分的暂行规定

黑发〔2002〕9号

为保证全省农村税费改革试点工作的顺利进行，切实减轻农民负担，促进农村经济健康发展和农村社会长期稳定，依据《中国共产党纪律处分条例（试行）》和《中华人民共和国行政监察法》及有关政策规定，结合我省实际，制定本规定。

第一条 党和国家机关及其工作人员违反农村税费改革的政策规定，加重农民负担，侵害农民合法权益的，依照本规定给予有关责任人员党纪政纪处分。

企事业单位、社会团体和具有行业管理职能的其他单位及其他人员违反农村税费改革政策规定的，参照本规定给予有关责任人员党纪政纪处分。

农村党组织和共产党员违反农村税费改革政策规定的，可参照本规定给予有关责任人员党纪处分。

第二条 在农村税费改革工作中弄虚作假，虚报瞒报计税常产或者农村税费改革前的村提留、乡统筹和各项收费的，对直接负责的主管人员和其他责任人员给予党内警告、严重警告或者行政记过、记大过处分；情节严重的，给予撤销党内职务；留党察看或者行政降级、撤职处分。

第三条 对违反农村税费改革政策，有下列行业之一的，分别给予直接负责的主管人员和其他责任人员党纪政纪处分；情节较轻的，给予党内警告或者行政警告、记过处分；情节较重或者严重的，给予党内严重警告直至开除党籍或者行政记大过直至开除处分：

（一）违反规定制发增加农民负担文件的；

（二）违反规定增加税费收取项目、扩大收取范围、提高收取标准或者搭车收费的；

（三）违反规定向农民多征农业税及其附加或农业特产税，或者重复征收农业税、农业特产税，或者乱征耕地占用税、契税、车船使用税的；

（四）违反“一事一议”筹资筹劳规定，擅自要求或者超限额要求农民出资、出劳及以资代劳的；

（五）违反自愿原则强制农民参加各种保险、捐款捐物、投资入股、提供赞助、购买书籍和其他物品的；

（六）违反规定向农民集资、摊派或者开展涉及农民负的担各种达标升级活动的；

（七）违反农业税附加管理使用规定，平调、挪用、挤占集体资金的；

（八）非法向农民罚款、收费，提高标准或者违反票据管理规定的；

（九）销售生产资料、收购农产品不执行国家定价、国家指导价或者不及时兑现农产品收购款（国家政策允许代扣代缴的除外）的；

（十）隐瞒计税土地面积，变相截留农业税款的；

（十一）不按规定向农民公布计税土地面积、常年产量的；

（十二）强行摊派报刊订阅的；

（十三）其它违反农村税费改革政策行为的。

第四条 因违反农村税费改革的政策规定，造成农民人身伤害或者财产损失的，除应依法赔偿外，根据情节轻重，给予直接责任人员党内严重警告直至开除党籍或者行政记大过直至开除处分。

第五条 对在直接管辖范围内发生的严重违反农村税费改革政策的行为不制止、不查处或者处理明显不当，致使矛盾激化，影响社会稳定的，对直接负责的主管人员给予党内警告、严重警告或者行政警告、记过、记大过处分；情节严重的，给予撤销党内职务、留党察看或者行政降级、撤职处分。

第六条 有下列情形之一的，应从重或者加重处分：

（一）屡犯不改的；

（二）打击报复检举、揭发、控告人的；

（三）阻挠、抗拒检查或者拒不纠正错误的；

（四）同时查出两种以上违反农村税费改革政策行为的；

（五）有其它从重或者加重处分情节的。

第七条 有下列情形之一的，应从轻、减轻或者免予处分：

（一）情节轻微，尚未造成严重后果的；

（二）主动交待违反农村税费改革政策行为的；

（三）积极采取措施纠正错误并挽回影响的；

（四）检举、揭发违反农村税费改革政策行为，经查证属实的；

（五）有其它从轻、减轻或者免予处分情节的。

第八条 对违反本规定，需要给予违纪人员党纪政纪处分的，按照有关党员、干部管理权限和处理程序的规定办理；需要追究刑事责任的，移交司法机关依法处理。

第九条 本规定由中共黑龙江省纪律检查委员会、黑龙江省监察厅负责解释。

第十条 本规定自发布之日起施行。

湖北省农村税费改革试点方案

鄂发〔2002〕10号

根据《中共中央国务院关于进行农村税费改革试点工作的通知》（中发（2000）7号，以下简称中央7号文件）精神，结合我省实际，特制定本方案。

一、农村税费改革试点的指导思想和基本原则

实行农村税费改革，是党中央、国务院为加强农业基础地位，保护和调动农民积极性而作出的一项重大决策。农村税费改革，就是根据社会主义市场经济发展的要求，按照减轻农民负担和保障农村基层组织正常运转的原则，对现行农村税费征管体制进行调整和完善，建立与社会主义市场经济相适应的农村分配体制。农村税费改革的指导思想是：根据社会主义市场经济发展和推进农村民主法制建设的要求，规范农村分配制度，从根本上治理对农民的各种乱收费，切实减轻农民负担并保持长期稳定。进一步加强农村基层组织建设，巩固农村基层政权。调动和保护农民生产积极性，促进农村经济健康发展和农村社会长期稳定。

按照上述指导思想，农村税费改革试点的基本原则是：从轻确定农民负担水平并保持长期稳定。兼顾乡镇政府和基层组织的正常运转需要。采取简便易行的征收方式，规范税费征收行为。实行综合配套改革，积极推进乡镇机构、行政区划和教育体制改革，转变政府和部门职能。完善乡镇财政体制，促进乡镇财政良性循环。建立健全农民负担监督管理机制。坚持群

众路线，促进农村民主和法制建设。

二、农村税费改革试点的主要内容

农村税费改革的主要内容为“三个取消、一个逐步取消、两个调整、两项改革”，具体是：取消乡统筹费等专门面向农民征收的行政事业性收费和政府性基金；取消农村教育集资等涉及农民的政府性集资；取消屠宰税；逐步取消统一规定的劳动积累工和义务工；调整农业税政策；调整农业特产税政策；改革村提留征收使用办法；改革共同生产费征收使用办法。

（一）取消乡统筹费等专门面向农民征收的行政事业性收费和政府性基金

取消现行按农民上年纯收入一定比例征收的乡村两级办学经费（即农村教育事业费附加）、计划生育、优抚、民兵训练、修建乡村道路费。取消农村中所有专门面向农民征收的行政事业性收费、政府性基金。取消乡统筹费后，原由乡统筹费开支的乡村两级九年制义务教育、计划生育、优抚和民兵训练支出，由各级政府通过财政预算安排。修建乡村道路所需资金不再固定向农民收取。村级道路建设资金由村民大会民主协商解决，乡级道路建设资金由政府负责安排。农村卫生医疗事业逐步实行有偿服务，政府适当补助。具体管理按《湖北省乡统筹五项事业支出纳入乡镇财政预算管理的若干意见》执行。

（二）取消农村教育集资等涉及农民的政府性集资

取消所有面向农民的各种政府性集资。取消在农村进行的教育集资后，中小学危房改造资金由财政预算统筹安排。

（三）取消屠宰税

停止征收屠宰税。原来随屠宰税附征的其他收费项目一律停征。

（四）逐步取消统一规定的劳动积累工和义务工

为规范和加强对农民的劳务管理，切实减轻农民负担，同时考虑到目前我省农业基础薄弱、建设任务重，决定全省用三年时间逐步取消统一规定的劳动积累工和义务工。2001 年每个劳力每年承担积累工和义务工合计最高不得超过 22 个，2002 年不得超过 15 个，2003 年不得超过 10 个，2004 年起全部取消。劳动积累工主要用于农田水利基本建设、农业综合开发和植树造林。劳动义务工主要用于防汛、义务植树、公路建勤、修缮乡村校舍。对于农业基础较好，过去投劳任务本身就比较少的地方，在取消劳动积累工和义务工的过渡期间，每年的劳动积累工和义务工的投入量也要相应减少，有条件的地方可以一步取消。“两工”取消后，村内进行农田水利基本建设、修建村级道路、植树造林等集体生产和公益事业所需劳务，必须遵循“量力而行、群众受益、民主决策、上限控制”的原则，实行一事一议，由全体村民或村民代表大会民主讨论，按多数人的意见作出决定。筹劳严格实行上限控制，每个劳动力每年承担劳务数额不得超过 10 个标准工日。除遇到特大防洪、抢险、抗旱等紧急任务，经县级以上政府批准可临时动用农村劳动力外，任何地方和部门均不得无偿动用农村劳动力。具体管理按《湖北省关于村内兴办集体公益事业筹资、筹劳的管理办法》执行。

（五）调整农业税政策

1. 确定农业税计税土地面积。农业税计税土地面积以农民第二轮合同承包用于农业生产的土地为基础确定。对二轮承包后，经国家土地管理部门批准征（占）用的计税土地，并按政策规定办理了耕地占用税征、免手续的，不再作为农业税计税土地面积；对于二轮承包后新开垦的耕地按规定免税到期的应纳入农业税计税土地面积。各级农业税征收机关要建立农业税计税土地档案，实行动态管理。计税土地面积发生增减变化时，农业税应当同步进行调整，防止出现新的有地无税、有税无地的现象。从事农业生产的其他单位和个人的计税土地面积，为实际用于农业生产的土地。

2. 调整农业税计税常年产量。农业税计税常年产量以1994—1998年5年农作物的实际平均产量折合成主粮确定，并保持长期稳定。除计税土地面积发生增减变化外，常年产量不得随意调整。

3. 合理确定农业税税率。根据现行农业税征收管理办法的规定，考虑到我省地域条件的差异和农业生产条件的差别，以及现有农业税税率的执行情况，我省农业税税率仍实行地区差别比例税率。全省农业税税率最高不超过7%，贫困地区农业税税率从轻确定。

国有和集体农场以及有农业收入的机关、部队、企业、学校，其农业税税率按现有农业税税额与调整后的农业税计税常年产量计算确定。其他有农业收入的单位和个人的农业税比照当地同等税收水平征收。

各县（市、区）农业税的具体计税常年产量、税率和农业税征收任务，经省农村税费改革领导小组批准后，要分类测算到乡镇，并落实到农户及其他农业税纳税单位和个人。

农业税社会减免和自然灾害减免政策按《湖北省农业税征收实施办法》执行。

（六）调整农业特产税政策

1. 减少征收环节。取消原部分一个应税品目两个环节征税，实行一个应税品目只在一个环节征税。

2. 调整农业特产税税率。按照农业特产税税率略高于农业税税率的原则，对农业特产税税率作适当调整。

3. 简化征收办法。按照农业税和农业特产税不重复交叉征收的原则，对在非计税土地上生产的农业特产品，继续征收农业特产税。对在农业税计税土地上生产的农业特产品，只征收农业税，不征收农业特产税。严禁两税重复征收。

农业特产税应税品目、征收环节、税率以及减免政策按《湖北省农业特产税征收管理实施办法》执行。

（七）改革村提留征收和使用办法

村干部报酬、五保户供养、办公经费，除原由集体经营收入中开支部分仍继续保留外，凡由农民上缴村提留开支的部分，改革后交纳农业税的，采取新的农业税附加方式收取，交纳农业特产税的，采取农业特产税附加方式收取（不含国有和集体农场以及有农业收入的部队、机关、学校、企业）。农业税和农业特产税附加比例最高不超过改革后农业税和农业特产税正税的20%。在计税土地种植（养殖）应税农业特产品，已征收农业税附加的，不再征收农业特产税附加。收购环节征收的农业特产税不征收附加。各县（市、区）农业税附加和农业特产税附加比例，报省农村税费改革领导小组审批，并保持长期稳定。农业税附加和农业特产税附加采取征收代金制，并在一定时期内保持相对稳定。用农业税附加和农业特产税附加方式收取的村提留属于集体资金，由农业税征收机关负责征收（可以由粮食、林业、供销等部门在收购农副产品时代扣代缴），乡镇农经管理部门负责管理。实行乡管村用，专户储存，专款专用。征收农业税附加和农业特产税附加时，必须使用省财政厅统一印制的专用票据。

村提留改革后，村内兴办集体生产和公益事业所需资金，不再固定向农民收取。按照“一事一议”的原则，年初由村民委员会提出预算，经村民大会或村民代表会议讨论通过，报乡镇农经管理部门审核，由乡镇政府批准并报县农民负担监督管理办公室备案。筹资额严格实行上限控制，每人每年最高不得超过15元。经批准后的筹资额用省农民负担监督管理部门统一监制的农民负担登记卡登记，监督卡由村委会组织发放到农户，并张榜公布，接受群众监督。村内一事一议的集体生产和公益事业筹资的提取、管理、使用情况，接受农民负担监督管理部门审计监督。

原由乡村集体经营收入负担村提留和乡统筹费的，农村税费改革后可以采取适当方式继续实行以工补农。对不承包土地的务工经商农民，可以按照权利义务对等的原则，经村民大会民主讨论确定，在原乡统筹费和新的农业税附加和农业特产税附加的负担水平内，由村委会向其收取一定数额的资金，并纳入村内一事一议筹资款项统一管理和使用。

（八）改革共同生产费征收和使用办法

原用于村内统一组织的抗旱排涝、防虫治病、恢复水毁工程等项开支的共同生产费，不再固定向农民收取。用于农村抗旱排涝的计量水费和电费等，按照“谁受益，谁出钱”的原则，由受益农户据实承担。用于村组修复水毁工程所需资金，纳入一事一议范围内统一考虑。

在税费改革过程中，各地要认真审核和清理历年形成的农业税、农业特产税、“村提留乡统筹”尾欠，并具体核实到户。清理农业税尾欠、农业特产税尾欠，要严格按照税法规定进行。对

“村提留乡统筹尾欠”，要制定具体的分年度清欠计划，根据清欠数额和农民的承受能力，分批、分期清欠。除农业税、农业特产税、“村提留乡统筹”款外，其他所有尾欠不属清欠范围。对农业税、农业特产税尾欠，由乡镇财政部门核实，“村提留乡统筹”尾欠由乡镇农经管理部门清理，并报县农民负担监督管理部门核实。农业税、农业特产税、“村提留乡统筹”尾欠，统一由乡镇财政部门按照“先税后费”的原则组织收取。对于那些按照政策规定，符合税费减免条件的要及时予以减免。对清收的税费欠款，要按原来的渠道管理使用，任何部门和单位不得挪用。

三、农村税费改革的有关配套措施

农村税费改革涉及面广、政策性强，各级党政一把手必须亲自抓负总责。各级各部门要讲政治、顾大局，统一认识，齐心协力，加强配合，齐抓共管，严密监控，确保改革的顺利实施。

（一）全面清理整顿各项涉农收费项目，坚决取消对农民的各种乱收费

规范农村收费管理，建立农民负担监督机制。各地要结合此次农村税费改革，对本行政区域内涉及农民的收费项目进行一次全面清理。各地自行出台的行政事业性收费、政府性基金、集资项目一律取消，不得以任何理由向农民收费、集资和摊派。今后，各地、各部门无权设立涉及农民负担的行政事业性收费和政府性基金、集资项目。集体决定的，追究主要领导责任。对清理后需要保留的少量涉农收费，由省财政厅和省物价局审核，报省政府批准。各地要对经营服务性收费进行规范整顿。承担有偿服务事务的乡镇有关站、所，应将不体现政府职能的收费，报有关部门批准后，及时转为经营性收费。不能将已经取消的行政事业性收

费转为经营性收费。经营性收费应当遵循自愿互利原则，根据服务质量与数量由双方协商付费，不得强制服务，强行收费，平摊收费。对经批准保留的涉农行政事业性收费和经营性收费，都要通过新闻媒体向社会宣传，并向农民张榜公布，做到家喻户晓，接受广大农民和社会各界的公开监督。坚决取消涉及农民负担的各种达标升级或变相达标升级活动。在农村开展保险、发行报刊书籍，应遵循自愿原则，禁止用行政手段和行业权力强制入保、强行征订。向农民收取水费、电费，必须严格执行国家规定实行计量收费。任何部门和单位不得在农民建房、婚姻登记、计划生育、子女入学、农村户籍、外出务工、农机监理等管理过程中搭车收取任何费用。在逐步取消“两工”期间，对保留的部分劳动积累工和义务工不得强行以资代劳。

农村税费改革后，各级党委和政府要根据新的情况，建立有效的农民负担监督约束机制，强化法制意识，保障农民的合法权益。各级农民负担监督管理部门要会同有关部门切实加强农民负担监督管理工作，防止农民负担出现反弹。

（二）转变政府职能，精简机构和人员，积极开展乡镇机构改革

各级政府尤其是乡镇人民政府要把机构改革与农村税费改革结合起来，进一步转变政府行政职能，精简机构和人员，调整支出结构，压缩乡镇开支。试点地区的实践证明，财政供养人员不减少，农民减负目标难以实现。各级尤其是县级人民政府，要做好对现有乡镇机构和财政负担人员的清理工作，提倡党政干部交叉任职。各级有关主管部门要从大局出发，清理整顿以向农民收费为主要经费来源的事业单位，切实解决收费养

人问题。同时不得人为地要求上下业务对口。各市、县不得突破省定编制数额。要按照有关法律、法规，根据乡镇具体情况，确定内设机构和人员编制，各乡镇不得在核定的行政和事业编制之外再聘用临时人员。积极推进教育体制改革，按照“规模、效益”的原则，合理调整中、小学校布局，适当集中办学，实现教育资源的优化配置。中小学的师生比例要严格按省有关规定执行。对教师队伍进行必要的整顿和压缩，建立优胜劣汰机制，实行公开考核竞争择优上岗，对富余人员予以辞退和待岗分流，确保有限的教育经费真正用于改善乡村办学质量。

各地要结合农村税费改革试点，实施配套措施，大力压缩非生产性开支，对交通通讯工具、吃喝招待等进行治理整顿，取消村级招待费。要树立勤俭节约观念，坚持量入为出、勤俭办事、勤政为民。

（三）改革和完善乡镇财政体制，规范县、乡镇、村之间的分配关系

按照财权与事权相统一的原则，改革和完善县、乡镇财政体制，严格实行“分灶吃饭”，自求平衡。农村税费改革后新增的农业税收入原则上要全部留给乡镇。取消一切其他收费后，乡、村两级由此减少的收入，主要通过精简机构和人员，减少财政开支，调整支出结构，以及通过中央、省和有条件的市（州）财政转移支付给予补助解决。要加大对困难乡镇的转移支付力度，保证乡镇基层组织正常运转和必保支出的需要。同时，要规范县、乡镇、村之间的分配关系，严禁无偿平调、挪用乡镇及村级集体财产，切实保护农民合法权益不受侵犯。严格各项资金管理，规范分配行为。强化乡镇财政预算约束，坚持量

入为出，健全乡镇国库，确保财政资金安全、有效运行。各地要结合税费改革，对乡镇负债情况进行具体分析，分类研究解决办法，凡不是为农民办事所形成的债务，不得由农民负担。同时要加强乡镇、村级财务建设，培训财务人员，加强和完善农村基层组织的财务核算和监管工作。

（四）进一步完善土地承包工作

各级政府要结合农村税费改革，对土地承包工作中的政策落实情况认真开展一次清理检查。按照合同，凡承包经营已到期的，要及时做好延包工作。要严格控制村组集体机动地面积，村组机动地面积最高不得超过本村组应发包面积的5%。村组机动地必须承担农业税或农业特产税，不得将村组机动地所承担的农业税或农业特产税转嫁到其他已承包的土地上，增加其已承包农户的负担。要加强对土地转包和转让过程中农业税、农业特产税及其附加任务的管理，防止在土地转包和转让过程中出现税收和附加落空现象。

（五）加强农村基层组织建设和民主法制建设

各级政府要结合本地实际，制定和加强乡镇，尤其是村级组织建设和民主管理的具体措施，保证基层组织的稳定与正常运转。要采取小村并大村、扩大村级规模、村组干部交叉兼职等办法，精简村组干部，减少村级支出。坚持量力而行、量入为出，有多少钱办多少事。各县、乡镇要大力加强村级民主和法制建设，要按照《村民委员会组织法》要求，积极推进“村务公开、村民自治”。对税费改革后农民农业税及其附加、农业特产税及其附加负担情况，各乡镇要逐村逐户的进行测算，由村民大会讨论通过，并张榜公布，做到公开、公平、公正，接受监督。广大基层干部要牢固树立为人民服务的宗旨，坚持实事求是的思想路线，转变工作作风，改进工作方法，提高法律意识，切实做到依法行政。

（六）大力发展乡镇及村级集体经济，壮大乡镇、村级经济实力，从根本上减轻农民负担

各级政府应抓住农村税费改革这一时机，转变工作思路，调整工作重点，以市场为导向，通过制定本区域内农村经济发展规划，从本地区实际出发，大力引导农民合理调整农业结构，积极扶持和促进乡镇、村级经济发展。建立和培育农副产品流通市场，促进农副产品顺畅流通。通过大力发展农业生产和农村经济，促进农民增收，提高农民生活水平，从根本上帮助脱贫、减负，从而逐步增强乡镇和村级财力，巩固农村基层政权。

（七）规范征收行为，加强农业税收征管

农村税费改革后，农业税征收任务加重，各地要根据农村税费改革的基本原则，严格按照国家税法和税费改革要求，依法征税、依率征税。要积极探索，总结经验，制定简便易行的操作规程，为广大纳税农户和其他纳税单位、个人缴纳农业税及其附加、农业特产税及其附加提供方便。严格各项社会减免和灾情减免的审批程序，进一步教育广大农民增强依法纳税意识。要强化税收保全措施，完善农业税征收体系，配备和充实乡镇财政的农税征管力量，确保国家税收依法足额征收，确保农业税征收人员正常开展工作。同时要结合改革后工作需要，加强现有农业税征管队伍建设，提高各级尤其是乡镇一级征收人员的政策水平和业务素质。

（八）加强领导，强化监督，保证各项改革任务落到实处

农村税费改革是新中国成立以来，继土地改革、家庭承包经

营之后农村的第三次重大改革。是切实减轻农民负担，促进农村经济发展和长治久安的一项治本之策。各级党委、政府要加强领导，精心组织，认真实施。改革的成功与否，关键在县，县委书记是这项改革的第一责任人，县长是直接责任人。各地要将此项改革作为当前的中心工作，抓紧、抓实、抓好。各相关部门在改革中要从大局出发，服从改革的需要，积极配合做好工作。各地、各有关部门要认真执行中央和省的政策。纪检、监察、农民负担监督管理部门要做好监督检查工作，对有令不行、巧立名目、变相加重农民负担的单位和个人，要给予严肃处理。对在改革中不顾大局，违反纪律，以权谋私的单位和个人，要给予党纪、政纪处分，触犯法律的，送交司法部门依法处理。

四、农村税费改革试点工作步骤

按照中央农村税费改革总体部署，结合湖北的实际情况，全省农村税费改革工作分二步进行。第一步：制定方案和配套措施，试点工作全面推开；在改革过程中分析研究改革中出现的问题，进一步修改完善试点方案和配套办法。第二步：检查改革情况，全面总结改革工作，巩固改革成果。按照上述步骤，全省农村税费改革工作分为五个阶段进行：

第一阶段：宣传发动，培训干部。时间为3-4月份。省委、省政府召开全省农村税费改革试点工作动员大会。各级成立党政主要领导挂帅的农村税费改革领导小组及其办公室，建立领导责任制，层层负责。根据中央审核同意的《湖北省农村税费改革试点方案》，在全省范围内进行广泛宣传和发动。省农村税费改革领导小组办公室向全省1000多万农户印发《致全省广大农民群众的一封信》，在29万多个村、组张贴《关于全省开展农村税费改革试点工作的通告》。同时，省农村税费改革领导小组办公室组织开展全省农村税费改革政策业务培训，组织新闻单位开展各种形式的农村税费改革宣传工作。调动各方面，特别是广大农民群众和基层干部参与支持改革的积极性。

第二阶段：制定实施方案和配套办法。时间为4月份。省级有关主管部门根据职责分工，起草相关配套文件，由省农村税费改革领导小组办公室统一修改、完善，报经省农村税费改革领导小组批准后，于4月20日号以前下发。各市（州）、县（市）根据中央7号文件和《湖北省农村税费改革试点方案》，结合本地实际，制定本地实施方案和实施细则及相关配套文件。各市、州要将经审核后的所属各县（市）实施方案，于4月底以前报省农村税费改革领导小组办公室。

第三阶段：审批方案。时间为4月下旬-6月上旬。由省农村税费改革领导小组办公室根据中央及省的规定，对各县（市、区）党委、政府上报并由当地党、政主要负责同志签字的实施方案进行审核，报省农村税费改革领导小组批准后，于5月20号前下发到各市（州）、县（市、区）。各县（市、区）要相应做好对所属各乡镇改革方案的审批工作。全省县、乡的方案审批工作6月10日前结束。

第四阶段：组织实施和督促检查。时间为6月中旬-12月底。各市（州）、县（市、区）根据省人民政府审批的方案，必须在6月底以前将各项农业税收指标分解落实到村组、到农户。征收工作在夏季正式启动，秋季继续实施，12月底完成。同时，继续做好各项宣传和改革方案的修改完善以及配套措施的落实工作。省对各县（市、区）的改革方案审批结束后，省农村税费改革领导小组立即组织督查组分赴各地进行督促检查。随时掌握了解各地执行农村税费改革政策情况，及时解决和纠正改革过程中出现的问题，确保改革顺利进行。市（州）、县（市、区）也要相应地派出督查组，检查指导乡镇的农村税费改革工作，确保改革的顺利进行。

第五阶段：总结、表彰。时间为 2002 年 1 月-2002 年 2 月份。夏、秋两季征收任务完成后，由省农村税费改革领导小组办公室组织对各地改革情况进行验收和总结。对全省农村税费改革情况形成总结材料报国务院农村税费改革工作领导小组。各市、州、县（市、区）、乡镇通过总结，评选出一批在农村税费改革中表现突出的先进集体和先进个人，报省委、省政府予以表彰。

各市（州）、县（市、区）要在省规定的分阶段实施时间内，结合本地工作开展情况，制定详细的分阶段实施计划，保证各项改革任务如期完成。

福建省农村税费改革试点方案

中共福建省委、福建省人民政府关于
全面开展农村税费改革试点工作的通知
闽委〔2003〕40 号

各市、县（区）委和人民政府，省直各单位：

根据《中共中央、国务院关于进行农村税费改革试点工作的通知》（中发〔2000〕7 号）、《国务院关于进一步做好农村税费改革试点工作的通知》（国发〔2001〕5号）、《国务院关于全面推进农村税费改革试点工作的意见》（国发〔2003〕12号）和《国务院办公厅关于天津市、福建省农村税费改革试点方案的复函》（国办函〔2003〕68号）等有关文件精神，经国务院同意，省委、省政府决定，在武平、松溪、福鼎三个县（市）开展农村税费改革试点的基础上，从2003年起在全省范围内全面进行农村税费改革试点。现将《福建省农村税费改革试点方案》印发你们，并就有关事项通知如下，请认真贯彻执行。

二〇〇三年十月七日

根据党中央、国务院开展农村税费改革试点工作有关文件精神，结合我省实际情况，制定本方案。

一、农村税费改革的指导思想和基本原则

我省农村税费改革试点工作的指导思想是：全面贯彻党的十六大精神，按照社会主义市场经济发展和推进农村民主法制建设的要求，建立科学规范的农村分配制度，从根本上治理对农民的各种乱收费、乱集资和乱摊派，切实减轻农民负担并保持长期稳定。进一步加强农村基层组织建设，巩固农村基层政权，保护和调动农民的生产积极性，促进农村社会长期稳定和农村经济持续健康发展，推动农村全面小康建设。

按照上述指导思想，我省农村税费改革试点工作应遵循以下基本原则：

（一）从轻确立农民负担水平并保持长期稳定

根据农民的实际收入水平和承受能力，从轻重新确定农民负担。改革后的农民负担要比改革前有较大幅度的减轻，做到村村减负，户户受益。

（二）建立科学规范的农村分配制度

把国家、集体、农民的分配关系纳入规范化、法制化管理的轨道，按照便于农民接受、基层操作、群众监督的要求，采用简便易行的征收和筹集方式，规范农村税费征收行为。

（三）正确处理改革、发展、稳定的关系

统筹兼顾各方面的承受能力，确保改革后农民负担明显减轻、不反弹，确保乡镇机构和村级组织正常运转，确保农村义务教育经费正常需要，促进农村社会稳定、农村经济和社会事业协调发展。

（四）实施综合配套改革，整体推进

大力推进乡镇机构和农村教育体制改革，完善县乡财政体制，推进村民自治管理，健全农民负担监督机制。

二、农村税费改革的主要内容

我省农村税费改革试点的主要内容是："五个取消、一个稳定、一项改革"，即取消乡统筹费；取消农村教育集资等专门面向农民征收的行政事业性收费和政府性基金、集资；取消除烟叶及原木收购环节特产税外的其它特产税；取消屠宰税；取消统一规定的劳动积累工和义务工；稳定农业税政策；改革村提留征收使用办法。

（一）取消乡统筹费

取消乡统筹费后，乡村两级九年制义务教育、计划生育、优抚和民兵训练支出，由各级政府通过财政预算予以安排。

（二）取消农村教育集资等专门面向农民征收的行政事业性收费和政府性基金、集资

取消在农村进行的教育集资，农村中小学危房改造资金，主要由财政预算安排。取消专门面向农民征收的行政事业性收费、政府性基金和涉及农民的集资项目。

（三）取消除烟叶及原木收购环节特产税外的其它农业特产税

从2003年1月1日起，全省取消除烟叶及原木收购环节的特产税之外的其它特产税，不再改征农业税。

（四）取消屠宰税

从2003年1月1日起，全省取消屠宰税。

（五）取消统一规定的劳动积累工和义务工

“两工”取消后，遇到特大防洪、抢险、森林防火、抗旱等紧急任务需要临时动用农村劳动力，须经县级以上人民政府批准。除此之外，动用农村劳动力应当实行自愿或有偿。

（六）稳定农业税政策

改革后农业税税负不再增加，按现有负担水平稳定不变。进一步完善农业税减免制度。对各项社会减免，实行先减免后征收。

（七）改革村提留征收和使用办法

取消原规定的村提留，改革后村干部报酬、五保户供养以及村办公经费，由集体经营收入开支，各级财政给予定额补助，不足部分可通过适当收取农业税附加加以解决，附加比例最高不超过正税的40%。村内进行农田水利基本建设、农业综合开

发、修建村级道路、植树造林等项集体生产、公益事业所需的资金和劳务，严格实行“一事一议”和上限控制，每人每年筹资不得超过15元，沿海经济发达的县（市、区）最高不得超过20元；每个劳动力每年投劳不得超过5个工日，并不得强行以资代劳。

三、农村税费改革的配套措施

（一）精简乡镇机构和人员，切实转变政府职能

各地要根据中央和省委、省政府的统一部署，巩固扩大乡镇机构改革成果，归并乡镇事业单位，大力压缩乡镇财政供养人员。乡镇事业单位（不含学校、医院）由财政核拨（含财政核拨补助）的事业编制要比现有精简20%以上。在确保社会稳定、有利于农村经济发展和小城镇建设的前提下，根据实际情况，加大乡镇村区划调整的力度，适当撤并乡镇，合并行政村。按照社会主义市场经济发展需要，切实转变政府职能，强化为农业、农村和农民服务的功能，发展和完善农业和农村社会化服务体系。

（二）精简和优化教师队伍，合理配置教育资源

要按照《福建省人民政府办公厅转发省委编办、省教育厅、省财政厅关于福建省中小学教职工编制标准的实施意见的通知》（闽政办（2002）121号）文件规定，严格核定编制和岗位，实行教职员工竞聘上岗，分流富余教职员工，清退代课教师和临时工勤人员，压缩非教学人员。合理调整农村中小学学校布局，优化配置教育资源，扩大校均规模，提高教学质量和教育投资效益，节约教育经费。学校收取的杂费要全部用作学校正常的办公经费，不得用于发放工资和福利。

（三）完善县乡财政体制，合理制定转移支付办法

按照分税制财政体制的要求，结合农村税费改革，合理划分县乡事权和财权，重新核定收支基数，进一步完善县乡财政体制。农村税费改革后乡镇财力和村级经费缺口，通过中央、省和市、县四级财政转移支付来帮助解决。中央和省财政转移支付将按照统一规范、公开透明的原则，考虑各地取消乡统筹、农村教育集资、除烟叶及原木收购环节特产税以外的其它特产税、屠宰税、村提留后的财力缺口，在各地精简机构和人员，压缩开支，自我消化的基础上，根据各地的经济发展水平和财政收支状况，区别对待，重点向经济欠发达地区和财政困难地区倾斜。切实保障农村义务教育经费投入，继续实行农村中小学教师工资由县财政统一发放的管理办法，实现“保工资、保运转、保安全”的基本目标。在中央财政转移支付补助的基础上，省、市、县财政要进一步调整支出结构，加大财政转移支付力度，确保农民负担得到明显减轻、不反弹，确保乡镇机构和村级组织的正常运转，确保农村义务教育经费正常需要。

（四）大力压缩村级开支，规范村级财务管理

推进村党支部委员和村委会成员交叉任职，村民小组长一般由村干部兼任，减少村组干部的补贴人数。每个村享受定额补贴的村主干严格控制在3—5人。严格控制书报费支出，每村每年订阅报刊经费最高不得超过2000元，重点保证党报、党刊的订阅。在压缩村级开支，规范村级财务管理的基础上，对村干工资、五保户供养、村办公经费给予定额补助。合理使用村级资金，全面推行村级财务公开制度，进一步完善村级组织的

财务核算和管理工作。

（五）认真研究和妥善处理乡村债务

乡村债务产生的原因比较复杂，原则上应与农村税费改革分开处理。各地区对乡村债务要摸清底数，分清责任，结合实际制订办法，逐步化解。要在防止发生新债的基础上，通过加快发展农村经济、深化农村改革，积极探索通过债权债务抵冲、依法削减高利贷、盘活集体存量资产、加强内部控制、节约开支等有效办法化解乡村债务。严禁将乡村债务分摊转嫁或变相转嫁给农民个人承担。要暂停清收农村税费改革前的农民税费尾欠。对改革前农民的税费尾欠，要进行核实、登记、归类；对不符合有关政策规定的，要予以核销，不得再向农民追缴；对符合减免规定的，要给予减免；对农民历年形成的农业税收及符合政策规定的乡统筹和村提留费尾欠，采取先挂账的办法，待农村经济进一步发展、农民承受能力明显增强后再作处理。

（六）规范农村收费管理

对现行涉及农民的收费项目进行全面清理整顿，取消不合理、不合法的收费项目。对批准保留的涉及农民行政事业性收费项目，严格推行收费公示制度和规范管理。加强农村中介或经营服务性收费监管，禁止强行服务、强行收费或只收费不服务。继续抓好农村中小学生就学、计划生育指标审批、农民建房、农村婚姻登记、农业生产性费用、农民外出务工的收费和农村用电用水价格以及报刊摊派和各种要农民出钱出物的达标升级活动等专项治理。坚决取消各种不利于控制和减轻农民负担的各种考核制度和考核指标。

（七）建立监督机制，严肃税改纪律

各有关部门要从大局出发，认真执行中央和省里的税改政策，服从改革需要，积极配合做好工作。纪检、监察、财政、审计、农业、物价等部门要认真履行监督检查职能，严格执行有关违反农村税费改革政策和减轻农民负担政策行为的处罚处分规定。对有令不行、有禁不止、弄虚作假、巧立名目、变相加重农民负担和挪用财政转移支付资金的单位和个人，要给予严肃处理。要建立农民负担监督管理责任制，认真落实涉及农民负担案（事）件责任追究制，严肃查处各种违法违纪行为。对在改革中不顾大局、违反纪律和以权谋私的单位和个人，要依照党纪政纪给予处分；触犯刑律的，要移交司法机关依法处理。

四、农村税费改革工作的组织实施

（一）加强组织领导

各级党委、政府要切实加强对农村税费改革试点工作的统一领导，党政一把手亲自抓、负总责。省里根据工作需要，调整充实了省农村税费改革领导小组，由省委书记任组长，省长任第一副组长，省委、省政府分管领导任副组长，省委办公厅、省政府办公厅、省委组织部、省委农办、省委编办、省监察厅、省财政厅、省农业厅、省教育厅、省民政厅、省物价局、省统计局等部门的主要负责同志任成员。领导小组下设办公室，办公室设在省财政厅，并从领导小组成员单位抽调得力的处级干部充实办公室力量。各设区市、各县（市、区）要按照省里的要求调整充实领导小组和工作班子。县（市、区）委书记、县（市、区）长是此项改革工作的主要责任人，乡（镇）党委书记和乡（镇）长是直接责任人。要将此项工作作为县（市、区）党委、政府的一项中心工作，切实抓紧、抓实、抓好。

（二）搞好部门配合

为确保各项改革措施落到实处，要求各级要把农村税费改革试点工作分解细化，实行部门分工负责。省领导小组各成员单位要按照改革的要求，及时调整有关政策和工作方法，抓紧制订有关配套改革措施，研究具体工作方案，提出明确的目标要求，分阶段组织实施。涉及各部门的配套改革，要按照职责分工，落实部门负责制和领导责任制，限期完成；涉及多个部门的，部门之间要加强配合，主动搞好协调，形成工作合力，确保农村税费改革顺利进行。

（三）有计划分阶段全面推进

1. 动员部署和宣传发动阶段。召开全省农村税费改革动员会议，全面部署农村税费改革试点工作。出台《福建省农村税费改革试点方案》及配套文件。层层搞好动员部署，逐级进行人员培训。加强舆论宣传，正确把握舆论导向，运用电视、广播、报刊等多种媒体，开展宣传活动，把农村税费改革的意义、目标、方针、政策、措施传达到农村，做到家喻户晓、深入人心。

2. 全面组织实施阶段。各市、县要根据本方案及有关配套文件，结合当地实际，制定具体实施方案，报省政府审批；各设区市除上报市本级税改实施方案外，负责对所属县（市）实施方案进行审核，并经政府主要领导签字后，转报省政府。同时，各地要认真做好农村税费改革的各项基础工作，积极推进各项配套改革，建立健全农业税征管体系，向农民发放纳税证书和农民负担监督卡。

3. 检查验收和总结阶段。在开展农村税费改革的同时，省、市对县要派出督查组，县对乡镇要派出巡视组，乡镇对村要派出指导组。通过建立三级督查网络，对农村税费改革试点工作及配套措施落实情况进行及时督导和检查验收。对执行政策中出现的偏差，应及时纠正；对农民反映的问题，要认真对待，及时处理。各级政府都要建立健全税费改革群众信访查处反馈制度，向社会公开政策咨询和群众举报电话，定期通报有关情况，自觉接受社会监督。

已经进行农村税费改革的松溪、武平、福鼎三个首批试点县（市），应于2003年内按本方案的改革政策要求，调整完善当地的改革方案，并经设区市审核后，上报省农村税费改革领导小组办公室备案。

中共福建省委

福建省人民政府

2003年10月7日

天津市农村税费改革试点工作方案

津政发〔2003〕136号

根据《中共中央国务院关于进行农村税费改革试点工作的通知》（中发（2000）7号）、《国务院关于进一步做好农村税费改革试点工作的通知》（国发（2001）5号）和《国务院关于全面推进农村税费改革试点工作的意见》（国发（2003）12号）精神，借鉴外省市的改革试点经验，结合我市实际，制定本方案。

一、农村税费改革试点工作的指导思想、目标任务和基本原则

（一）农村税费改革试点工作的指导思想是：以邓小平理论和“三个代表”重要思想为指导，贯彻党的十六大和市委八届三次、四次全会精神，根据社会主义市场经济发展和推进农村民主法制建设的要求，规范农村税费制度，从根本上治理对农民的各种乱收费，切实减轻农民负担，进一步巩固农村基层政权，确保农村义务教育经费正常需要，促进农村经济健康发展和农村社会长期稳定。

（二）农村税费改革试点工作的目标任务是：对现行农村税费管理制度进行全面调整，理顺和规范国家、集体和农民三者之间的分配关系，建立起与社会主义市场经济体制相适应的农村分配制度。

（三）农村税费改革试点工作的基本原则：

1. 从轻确定农民负担水平，并保持长期稳定。坚决取消专门面向农民的各种乱收费，根据农民的承受能力，从轻确定农民负担。改革后的农民负担要比改革前有较大幅度的减轻，负担重的多减，负担轻的少减，做到村村减负、户户受益。新的农民负担水平一经正式确定，要保持长期稳定，以维护农民的合法权益。

2. 妥善处理改革力度与各方面承受能力的关系。在保证农民负担有明显减轻的前提下，确保乡镇机构和村级组织正常运转，确保农村义务教育经费正常需要，并兼顾其他方面的承受能力。

3. 建立科学规范的分配制度和采取简便易行的征收方式。实行以农业税收为主的方式，把农民负担纳入规范化、法制化管理的轨道。采取符合农民意愿、能够为农民所接受的税收征收办法，便于基层操作和群众监督。

4. 实施综合配套改革。农村税费改革后，乡村两级收入减少，必须统筹安排，在进一步巩固调整教育布局、保证教育经费供给、撤乡并镇、精简乡镇机构等改革成果的基础上，妥善安置分留人员，压缩村组干部，调整支出结构，完善县乡财政体制，实行财政转移支付。

二、农村税费改革试点工作的主要内容

我市农村税费改革试点工作的主要内容可以归纳为“五个取消，一个调整，一个改革”。具体是：取消乡统筹费；取消农村教育集资等专门面向农民征收的行政事业性收费和政府性基金、集资；取消屠宰税；取消农业特产税；取消统一规定的劳动积累工和义务工；调整农业税政策；改革村提留征收使用办法。

取消乡统筹后，原由乡统筹开支的乡村两级九年制义务教育、计划生育、优抚、民兵训练、乡级道路建设等支出，由各级政府在财政预算中安排。修建村级道路建设资金，不再固定向农民收取，由村民大会民主协商解决。

取消农村教育集资等专门面向农民征收的行政事业性收费和政府性基金、集资后，要保证农村义务教育的投入不低于改革前乡统筹中的农村教育附加和经国家批准的农村教育集资以及正常财政投入的总体水平，并逐步有所增长。

取消在生产环节和收购环节征收的屠宰税，原随屠宰税附征的其他收费项目也一律停征。

取消在生产环节和收购环节征收的农业特产税，改征农业税。改革后，林果、水产养殖等生产取得的收入，按当地核定农业税负担水平，征收农业税。

取消统一规定的劳动积累工和义务工后，村内进行农田水利基本建设、修建村级道路、植树造林等集体公益事业所需劳务，实行一事一议，遵循量力而行、群众受益、民主决策、上限控制的原则，由全体村民或村民代表大会讨论，按多数人的意见作出决定。筹劳严格实行上限控制，每个劳动力每年承担的数额不准超过 10 个标准工日，也不能强行以资代劳。除遇特大防洪、抢险、抗旱等紧急任务，须经区县以上人民政府批准可临时动用农村劳动力外，任何地方和部门不得无偿动用农村劳动力。

调整农业税政策关键是合理确定以下四个变量：

1. 合理确定农业税计税面积

坚决按照中发（2000）7 号和国发（2003）12 号文件规定，严格以二轮土地承包面积为依据核定计税面积，要核实到户，经农民签字认可，并张榜公布。对二轮承包过程中按中央政策预留的机动地，要纳入农业税计税面积。对二轮承包后新开垦的耕地，按规定免税到期的应纳入计税面积。对因自然灾害、合法征占减少的耕地，应据实核减。对未经合法审批，因长期建设占地、农村兴办公益事业占地等因素减少的计税土地，应先据实核减，并由占地单位按规定补办审批手续，补缴税款；对确有困难的，应先登记造册，暂不纳入计税面积，另行处理，不得将这部分计税土地应承担的农业税平摊到农民头上，增加农民负担。国有农场等其他单位或个人从事农业生产的，计税面积为实际用于农业生产的耕地。

2. 科学核定农业税计税常产

计税常产要依据2003年前连续5年主要农作物的平均产量据实核定，以乡镇或村为单位计算，就低不就高，防止高估，并征求农民意见，得到农民认可。村与村之间自然条件有明显差异的，核定的常年产量应有所区别，防止搞“一刀切”。

3. 农业税计税价格由市人民政府根据近年主要农作物市场价和农民承受能力等综合因素，统一确定为每公斤0.92元。

4. 按照中央确定的正税和附加之和最高不能超过8.4%的原则，我市农业税税率统一确定为5%，农业税附加比例为农业税的40%。

计税常产和计税价格一经确定，除国家政策调整外，要保持长期稳定。

国有农场、监狱、劳教、部队以及驻津单位，按照同步改革、不增加负担的原则，农业税收按照不高于改革前的水平确定，并不征收农业税附加。

农业税及附加统一由财政机关征收，一律征收代金。各区县农业税征收任务，要计算到户，并征求农民意见，张榜公布，接受监督。

停止向农民收取村提留费后，村干部报酬、五保户供养、办公经费除原由集体经济经营收入开支的仍继续保留外，凡由农民上缴村提留开支的，采取新的农业税附加方式统一收取。这部分资金属于集体资金，专户管理，实行乡管村用，由乡镇经营管理部门监督管理，只能用于村级组织正常运转的需要，任何单位和个人不得截留、平调。村内兴办其他集体生产公益事业所需资金，不再固定向农民收取村提留，实行一事一议，由村民委员会提出预算，经村民讨论决定，实行村务公开、村民监督和上级审计。对村内一事一议的集体生产公益事业筹资，实行上限控制，每人每年最高不超过20元。

农村税费改革后，农业综合开发项目所需农民筹资投劳应纳入村级一事一议范畴，实行专项管理。其范围只限于受益村改善农业生产条件的建设项目，并与农民商议，由农民签字认可，实行民主决策、上限控制、以村为单位统一组织，不准搞强迫命令。确需农民投劳进行农业综合开发的项目，农民只出工，不得要求农民以资代劳；确需跨村使用劳动力的，应采取借工、换工或有偿用工等形式，不能平调使用农村劳动力。要逐步降低农民筹资投劳在农业综合开发中的比例。

暂停向农民收缴农村税费改革前的税费尾欠。对改革前农民的税费尾欠，要进行核实、登记、归类；对不符合有关政策规定的，要予以核销，不得再向农民追缴；对符合减免规定的，要给予减免；对农民历史形成的农业税收及符合政策规定的乡统筹和村提留费尾欠，采取先挂账的办法，待农村经济进一步发展、农民承受能力明显增强后再作处理。

原由乡、村集体经济组织负担的有关税费，改革后原则上继续由集体经济组织负担。

对不承包土地并从事工商业活动的农村居民暂不收取村内公益事业建设资金。

三、农村税费改革的主要配套措施

农村税费改革涉及面广、政策性强，有关乡镇政府机构、乡镇财政体制、农村教育体制等方面的改革，不仅是农村税费改革的延伸和扩展，而且是农村税费改革取得成功的重要保证，各部门必须顾全大局，紧密配合，同步实施，整体推进。

（一）清理各项涉农收费项目，取消各种乱收费和集资，建立健全农民负担监督机制

市农委、市物价局、市财政局、市计委、市减轻农民负担办公室等部门，要对现行涉及农民负担的各种收费项目进行全面清理和整顿。凡是国家和市人民政府明令废止及各地自行出台的收费、集资项目，都必须立即停止和取消，并向社会公布，接受群众监督。对农村经营服务性收费，要加强监管，禁止强行服务和平均摊派，不准随意提高收费标准和搭车收费。

（二）加强农民负担监督管理

市农委、市农业局对村级“一事一议”等筹资筹劳问题，制定具体规定和监督管理办法。

（三）进一步巩固和扩大乡镇机构改革、撤乡并镇工作成果

1. 完善乡镇机构改革和人员精简及分流工作，努力做到“减人、减事、减支”，切实收到实际效果。

2. 巩固和扩大撤乡并镇成果，精简村组管理人员。对已撤并的乡镇，不能出现反弹；对符合撤并条件的乡镇村继续予以撤并；从严确定配备村干部人数，每个行政村按 3 至 5 人配备村干部，提倡党政干部交叉任职，合理确定村干部定额补贴和误工补贴标准。市农工委、市民政局对上述有关问题制定具体办法。

（四）进一步巩固教育体制改革和调整农村中小学布局的成果

改革后，各级政府对义务教育的投入不能低于改革前的

水平。区县人民政府要切实把教师管理、工资发放和教育经费保障的责任担负起来，不得以任何借口向下转嫁教育经费负担。继续推进农村中小学布局调整，优化教育资源配置，严格控制中小学的师生比例，合理核定教师编制，优化教师队伍，实行竞争择优上岗，做好富余人员分流和安置工作。市教委会同有关部门对改革教师用人制度、合理调整农村中小学布局、完善教育经费保障机制等问题，制定具体实施办法。

（五）完善乡镇财政管理体制，规范县乡两级政府间的分配关系

市财政局按照财权与事权相统一的原则，进一步健全和完善区县、乡镇财政体制。

（六）规范农业税收征收办法，加强征收管理

农村税费改革后，农业税收征管任务加重，市财政局要根据农村税费改革的基本原则，制定农业税征收管理暂行办法，健全征管队伍。

（七）加大转移支付力度

农村税费改革后，乡镇财政和村级组织出现的收支缺口，要在精简机构、削减开支、调整支出结构、自行消化的基础上，通过财政转移支付方式予以适当补助。市财政转移支付资金，按照统一规范、公正合理、公开透明的原则，核定到区县、乡镇、村，保证基层组织正常运转和各项事业的正常开展。各区县财政也要按一定比例安排配套资金。市财政局根据国家制定转移支付的原则，结合我市实际情况，制定转移支付办法。

（八）加强农村基层组织建设

各级政府要结合本地实际，制定加强乡镇尤其是村级组织建设和民主管理的具体措施，保证基层组织的稳定和正常运转。

（九）完善法规配套建设

市政府法制办会同有关部门就试点中法制方面的问题，适时提出修改或废止与改革相悖的有关法规、规章和规定的建议，按照立法程序办理。